法學啟蒙叢書

行政法系列——

行政命令

◎黃舒芃　著

The Administrative Law

The Administrative

The
Administrative

The Administrative Law

Law

三民書局

國家圖書館出版品預行編目資料

行政命令 / 黃舒芃著.－－初版一刷.－－臺北市: 三
民, 2011
面; 公分.－－(法學啟蒙叢書)

ISBN 978–957–14–5459–7　(平裝)
1.行政命令

588.13　　　　　　　　　　　　　100002375

©　行政命令

著 作 人	黃舒芃
責任編輯	陳亞旋
美術設計	郭雅萍
發 行 人	劉振強
著作財產權人	三民書局股份有限公司
發 行 所	三民書局股份有限公司
	地址　臺北市復興北路386號
	電話　(02)25006600
	郵撥帳號　0009998–5
門 市 部	(復北店) 臺北市復興北路386號
	(重南店) 臺北市重慶南路一段61號
出版日期	初版一刷　2011年3月
編　　號	S 580660

行政院新聞局登記證局版臺業字第○二○○號

有著作權·不准侵害

ISBN　978–957–14–5459–7　（平裝）

http://www.sanmin.com.tw　三民網路書店

序　言

　　在浩瀚的行政法領域當中，行政命令算是牽涉範圍較廣，問題層面也比較複雜的一個主題。這個現象背後的主要理由之一，在於它不屬於典型個案性的行政決定，而是行政機關基於一般性的考慮，所預先制定的法規範。這一項不同於其他許多行政行為的特徵，一方面使得行政命令冠上（行政部門之）立法行為的色彩，另一方面也因此而導致行政命令帶來更多、更直接的權力分立難題。從這個角度看來，行政命令無疑是一個貫穿憲法與行政法領域的課題。也正是這一點，構成本書的寫作動機。

　　本書的撰寫工作得以順利完成，要特別感謝三民書局的邀約與信任，以及我的研究助理李孟哲先生與陳瑋博先生，在相關文獻的蒐集與增補，以及判決資料整理上的諸多協助。此外並感謝鍾芳樺博士，湯德宗教授，劉淑範教授，孫迺翊教授，還有參與我在東吳法律系所開設「比較憲法專題研究」課程的同學們，在本書寫作過程中，提供豐富的討論資源與思想靈感。最後要感謝我的行政法啟蒙恩師翁岳生教授。經由他的帶領，使我第一次見識到行政法學的堂奧，進而萌生研究的興趣，今天這本書也才得以誕生。

黃舒芃

2011 年 3 月謹誌於臺北

行政命令

目 次

第一章

導　論

第 1 節　行政部門的「立法權」

　　「行政命令」是一個在實務上廣被使用、但嚴格而論不屬於法學專業術語的概念。粗略地說，行政命令指的是行政機關所發布之具有一般性、抽象性特徵的法規範。如所周知，在傳統三權分立架構、特別是講求「法制定 (law making)」與「法適用 (law application)」之區分的歐陸法秩序傳統底下，訂定法規範的工作主要是由立法機關來擔綱；然而，隨著國家任務的繁雜、膨脹與多樣化，單憑立法部門顯然無法完整承擔龐大的立法工程。在這樣的背景之下，行政機關發布命令的權限不難想見地具有高度實務意義，也往往被視為行政機關承接立法者法制定任務的表現。

　　不過，由於此等「行政立法」畢竟還是歸屬於行政部門的權限範疇，所以在性質上仍明顯不同於國會立法。換言之，作為行政部門「立法」權發動下的產物，行政命令終究是行政權的一環，是一種行政行為。有鑑於當代管制國家中的法規範密度越來越高，行政命令不論在行政法秩序或整個憲政體制當中，無疑都越來越佔有一席之地，也因此其規範性質、意涵、功能與限制，都有深入探討的必要性與價值。這種透過「行政」手段來實現「立法」目的的公權力行為，正是本書的討論對象。

第 **2** 節　本書對行政命令的概念界定

　　如前所述，「行政命令」並不是一個精確的法律用語，而是一個用來涵蓋各種「行政立法」規範的上位概念。在各相關法規中，也沒有任何一項規定曾經為「行政命令」賦予直接而清楚的定義❶。因此，不論在學理上或實務界，「行政命令」的概念使用範圍往往廣狹不一，從而對於「某種特定行政行為是否為行政命令」的判斷，也往往引發爭議。不過，倘若著眼於「行政機關所發布之抽象性、一般性法規範」這個概念特徵，那麼依照國內一般見解，行政命令大抵上便可涵蓋行政程序法第四章所規範的「法規命令」與「行政規則」，以及中央法規標準法第 7 條含括的「職權命令」這幾種行政立法類型❷。由於本書目的在於使讀者能對行政命令的規範架構，獲得一個初步但完整的理解，因此在概念界定上，本書基本上依循國內通說的看法，將法規命令、行政規則與職權命令三者均納入討論範圍。

　　必須特別說明的是，總統根據憲法所享有之發布「緊急命令」的權限，並不在本書的定義與討論範圍之列❸。因為，除了在我國雙首長制的憲政架構底下，總統的職權暨與立法院的關係，必須與行政院分別以觀之外，

---

❶ 事實上，「行政命令」這個用語，本來也就甚少出現在正式法律條文中。少數例外，可參見立法院職權行使法第十章關於行政命令之審查的各項相關規定。根據該法第 60 條之規定，「行政命令」在概念上，包含行政機關基於「法定職權」或者根據「法律授權」而訂定的命令，基本上呼應了中央法規標準法第 7 條之概念界定。

❷ 關於中央法規標準法第 7 條的概念界定，有學者認為其提供了職權命令在法律上存在之規範依據。但另有部分學者反對此種見解，認為該法所稱「依法定職權」訂定者，僅限於行政規則。詳見本書第三章之討論。此外，對國內有關行政命令之定義與概念範疇的種種相關爭議，可參考葉俊榮教授的詳盡整理：葉俊榮，〈第十章：行政命令〉，翁岳生主編，《行政法（上）》，頁 390–474，390–407（2006 年三版）。

❸ 國內關於「緊急命令」的討論文獻，大抵均集中在憲法層次，甚少觸及行政法。例可參考林子儀、葉俊榮、黃昭元、張文貞，《憲法：權力分立》，頁 325–328（2008 年二版）；陳新民，《憲法學釋論》，頁 496–513（2008 年六版）；李惠宗，《憲法要義》，頁 468–471（2006 年三版）。

其所發布之「緊急命令」，也不是一般所認定的「行政立法」類型，而是總統為因應國家重大變故，所進行臨時性、緊急性的處置。我國憲法增修條文第2條第3項即規定：「總統為避免國家或人民遭遇緊急危難或應付財政經濟上重大變故，得經行政院會議之決議發布緊急命令，為必要之處置，不受憲法第四十三條之限制。但須於發布命令後十日內提交立法院追認，如立法院不同意時，該緊急命令立即失效。」針對緊急命令不同於一般行政命令的屬性，我國司法院大法官釋字第543號解釋理由書亦闡明：「緊急命令係為避免國家或人民遭遇緊急危難或應付財政經濟上重大變故，於國家不能依現有法制，亦不及依循正常立法程序採取必要對策因應之緊急情況下，由總統經行政院會議之決議發布之不得已措施，其適用僅限於處置一定期間或地點發生之緊急事故，具有暫時替代法律、變更法律效力之功能。故緊急命令乃對立法部門代表國民制定法律、行政部門負責執行法律之憲法原則特設之例外，以不得再授權為補充規定即可逕予執行為原則，其內容應力求詳盡而周延。」❹由此可知，儘管緊急命令擁有「命令」的稱謂，但究其性質與內容，並不屬於本書所欲著眼探討的「行政命令」。

---

❹ 釋字第543號解釋理由書參照。大法官緊接著並進一步指出：「若（緊急命令）因事起倉促，一時之間不能就相關細節性、技術性事項鉅細靡遺悉加規範，而有待執行機關以命令補充者，則應於緊急命令中明文規定其意旨，並於立法院完成追認程序後，由執行機關再行發布。又此種補充規定無論其使用何種名稱均應依行政命令之審查程序送交立法院審查，以符憲政秩序。」顯然將緊急命令與一般行政命令的規範體系，予以明確區分。

第 **3** 節 本書宗旨與架構說明

　　作為一本入門教材，本書的宗旨，自在於清楚而完整地說明行政命令在整個國家法秩序體系中所扮演的角色，協助建立讀者對行政命令的基本概念。正因如此，所以本書對於行政命令的介紹，將不僅止於一般教科書所重視的名稱定義與相關法律規定等議題，而會特別著眼於其概念發展的來龍去脈，藉此凸顯當前行政命令相關爭議的問題核心與解決途徑。筆者認為，唯有釐清行政命令的制度發展背景，完整考察我國行政命令對外國法制的繼受方式與程度，才能正確把握行政命令概念體系的精髓，也才能幫助讀者更進一步瞭解應如何解決行政命令所涉及的種種具體問題。

　　在我國現代行政法體系大量且長期繼受德國法的背景之下，行政命令的釋義學架構，無疑也深受德國法的影響。因此，為了充分掌握我國行政命令的發展情形，我們有必要先行瞭解德國行政法體系對於行政命令的規範架構，究係如何建立。換句話說，唯有熟悉行政命令原先在德國的發展背景與脈絡，我們才能完整理解行政命令的規範基礎與制度條件，從而進一步窺探我國繼受行政命令釋義學時的問題或缺陷，並據此尋求爭議解決之道，落實真正的「本土化」。

　　根據以上的認知基礎，本書將透過三個章節的循序論述，來進行對行政命令規範體系的鋪陳。在第二章，本書將先介紹行政命令在德國憲法與行政法秩序中的發展脈絡，說明行政命令的相關規範，是在何等思想與制度基礎上獲得開發，並據此探討行政命令在德國行政法釋義學上的規範定位與發展條件❺。有了這層認識之後，本書將在第三章，回歸探討我國對德國行政命令概念體系的繼受，以及這些繼受，在我國不同於德國的憲法

---

❺　應先說明的是：由於行政命令中的「職權命令」並非繼受自德國法，而是我國行政法體系自行發展出來的獨特概念，因此在本書論述架構上，「職權命令」的介紹與分析直到第三章才會出現。

架構與中央政府體制之下，所引發的種種問題。在探索行政命令於我國之「本土化」發展的過程中，我們也將留意美國法對我國行政命令規範體制的影響，以更進一步瞭解行政命令的整體規範架構在我國發展的來龍去脈，藉此對於我國法背景下的法規命令、行政規則與職權命令，有更立體而宏觀的認識。最後，在第四章的部分，本書將基於對第二章與第三章論述內容的回顧，根據筆者在本書中所持的基本立場與論點，借助德國法相關討論所帶來的啟示，對我國行政命令之規範體制，特別是行政命令在我國憲政架構下的規範基礎與功能定位進行檢討，期能從中歸納出掌握行政命令之爭議核心，以及未來成功發展行政命令釋義學體系的關鍵所在。

第二章

法規命令與行政規則在德國法秩序中的發展脈絡

第 1 節　以立法權為核心的德國法秩序傳統

一、法治國思想支配下的立法權

如同本書第一章導論部分開宗明義指出的，「行政命令」指的是行政機關所發布之具有一般性、抽象性特徵的法規範。這初步看來固然意味著行政部門也跟立法者一樣，享有制定法規範的權力；然而，如果回溯到德國十九世紀所發展的法治國 (Rechtsstaat) 思想，便知行政機關這種「立法」權限，並不能與國會的立法權相比擬，更不能無條件地成立。因為，根據傳統法治國的理念，為了確保人民的自由與財產 (Freiheit und Eigentum)，行政權力的發動，必須受到立法者所制定之國會法律 (Gesetz) 的制衡。更具體而言，由於法治國思想正是要在君主專政的政治背景之下，對抗彼時的君主王權，抵禦來自掌握行政權力的君主官僚對人民無限度的侵害，從而要求君主王權若欲侵犯人民的自由與財產，便不能沒有（當時被認為代表人民、用以對抗君主王權之）國會的同意❶，因此，在這個「政府侵犯人民需有國會所制定之法律作為依據」的訴求之下，國會便明顯扮演幫助人民抵抗政府無限度入侵最重要的角色❷。從而，「法律優位 (Vorrang des

❶　這便是我們所熟知的「法律保留 (Vorbehalt des Gesetzes)」，特別是「侵害保留 (Eingriffsvorbehalt)」的理念傳統。從歷史發展的角度看來，「侵害保留」無疑是法律保留的「原型」。如前所述，主張法律保留的目的既在於限制君主王權對個人「自由與財產」的侵害，則唯有涉及個人自由與財產受到侵犯的領域，才有法律保留的適用。關於該「自由與財產」的概念及其與侵害保留的連結，可參見 *Dietrich Jesch*, Gesetz und Verwaltung. Eine Problemstudie zum Wandel des Gesetzmäßigkeitsprinzips, 1961, S. 108–170.

❷　當然，國會法律的意義，既在於防堵行政權力恣意侵犯人民的自由與財產，此種功能設定便也同時意味著：在其他非關人民自由與財產的事務領域，行政部門（亦即由君主王權所領導的官僚系統）仍享有不受國會或他人干預的高度自主權，從而也享有源自當時憲法君主原則 (monarchisches Prinzip) 的命令制定權。這一點也呼應了德國行政傳統對於所謂「內部法 (Innenrecht)」與「外部法 (Außenrecht)」的區分：在尚未進入民主政體的十九世紀，除了為

Gesetzes)」與「法律保留 (Vorbehalt des Gesetzes)」,自然順理成章地成為法治國底下,拘束行政權力、藉以保障個人最起碼之自由的基本原則❸。

　　由此看來,十九世紀以來盛行至今的法治國理念,無疑為三權分立架構底下向來清楚區分「法制定 (Rechtsetzung)」與「法適用 (Rechtsanwendung)」二者活動本質的德國法學方法論傳統,提供一個更加足以說明與鞏固立法權領導地位的基礎❹。從典型德國法學方法論的角度看來,「法治國」中的「法」,應具備一般性、抽象性的特質,以便構築成一套得以預見並普遍適用的規則體系❺。尤有進者,為了落實個人自由之

確保法治國維護個人自由的理想,在「對外」影響人民自由及財產的領域,必須讓行政受到立法的牽制之外,行政部門在其他「對內」的場域,本即被認為有權保有不受立法者拘束、監督或給予任何干涉的支配空間。這種內部法與外部法的區分,即使在德國經由威瑪憲法走向民主之後,仍然深刻影響德國行政法學的基本預設與體系鋪陳,並連帶影響基本法秩序底下行政規則的規範定位問題(詳後述)。關於法規命令的這層歷史面向,詳見 *Johannes Saurer*, Die Funktionen der Rechtsverordnung. Der gesetzgeberische Zuschnitt des Aufgaben- und Leistungsprofils exekutiver Rechtsetzung als Problem des Verfassungsrechts, ausgehend vom Referenzgebiet des Umweltrechts, 2005, S. 32 ff. 關於行政法中內部法與外部法的區分及其批評,並可參見 *Klaus Lange*, Innenrecht und Außenrecht, in: Wolfgang Hoffmann-Riem/Eberhard Schmidt-Aßmann/Gunnar Folke Schuppert (Hrsg.), Reform des allgemeinen Verwaltungsrechts: Grundfragen, 1993, S. 307 ff.

❸ 對個人自由的維護,可説是法治國賦予國會立法最重要的任務,也是國會立法之所以優越於其他國家權力之發動最根本的原因。法律保留原則固然賦予國會透過立法限制個人自由與財產的權力,但是在「法治國」的基礎上,此等國會立法反倒在限制個人自由或財產的同時,實現其「透過侵害來確保個人自由」、亦即「透過將限制個人自由的權力交到代表人民對抗君主統治的國會手中,確保個人自由與財產不至於受到君主王權的侵犯」的任務。尤有甚者,法治國的理念更進一步要求國會立法站在法律保留/侵害保留的基礎上,透過對自由與自由之間衝突的調和,發揮其「積極形成個人自由」的功能;換句話說,儘管國會法律透過協調個人自由彼此之間的衝突,勢必構成對個人自由的限制與侵害,但也正是透過這種侵害,實現對個人自由的界定與保護。因此,從法治國的觀點而言,法律保留原則不僅具備「限制個人自由」,也同時具備「形成個人自由」的意義與功能。

❹ 關於德國法學方法論傳統對於法適用與法制定的區分,詳見黃舒芃,〈憲法解釋的「法適用」性格:從德國公法上法學方法論傳統對「法適用」與「法制訂」的區分探討聯邦憲法法院解釋活動的本質〉,《政大法學評論》,第 81 期,頁 51–110(2004 年); *Shu-Perng Hwang*, Verfassungsgerichtlicher Jurisdiktionsstaat? Eine rechtsvergleichende Analyse zur Kompetenzabgrenzung von Verfassungsgericht und Gesetzgeber in den USA und der Bundesrepublik Deutschland, 2005, S. 127 ff.

❺ 這一點與英美普通法 (common law) 講求法的個案導向及與時俱進之功能的傳統明顯不同。詳

維護，這套一般性、抽象性的「法」體系，主要必須由肩負確保個人自由任務的立法者來加以創造；至於行政與司法兩權，則必須受到該一般性法規範的拘束，亦即必須根據立法意旨，來決定眼前的具體個案應如何解決。在法治國的思想背景之下，這種將立法權定位成「法制定」、將行政與司法兩權視為「法適用」的方法論區分，更顯明確而重要，因為，它一方面清楚標明了立法者作為「法秩序之首腦」的優勢地位，另一方面，也因此而釐清立法與行政、以及立法與司法之間權限分際的關鍵所在。

　　根據此等思想與制度基礎，不難瞭解何以立法機關及其所制定之法律，在德國始終具有不容取代的意義。對德國法傳統而言，「法治」的精神，就在於將所有國家公權力的發動，都納入一個客觀、普遍、可預測的秩序體系，以避免在行政過程中任何個人主觀恣意的入侵，藉此確保個人自由不受公權力恣意的侵犯。因此，不同於美國普通法往往將國會立法視為管制甚至妨礙個人自由權利的思想傳統❻，德國的法治國理念恰恰認為：唯有

見 ROSCOE POUND, THE SPIRIT OF THE COMMON LAW 176 (1921); FREDERICK SCHAUER, PLAYING BY THE RULES: A PHILOSOPHICAL EXAMINATION OF RULE-BASED DECISION-MAKING IN LAW AND IN LIFE 181 (1991). 另參見 *Oliver Lepsius*, Steuerungsdiskussion, Systemtheorie und Parlamentarismuskritik, 1999, S. 39.

❻ 關於美國普通法傳統的這項思想特質，可參見 *Oliver Lepsius*, Verwaltungsrecht unter dem Common Law: Amerikanische Entwicklungen bis zum New Deal, 1997, S. 208, 49 ff.; *Oliver Lepsius*, Besprechung von P. Kirchhof/D. Kommers (Hrsg.), Deutschland und sein Grundgesetz, AöR 119 (1994), S. 161 ff., 162; *W. Cole Durham*, Das Grundgesetz—eine grundsätzliche Bewertung aus amerikanischer Sicht, in: Paul Kirchhof/Donald P. Kommers (Hrsg.), Deutschland und sein Grundgesetz: Themen einer deutsch-amerikanischen Konferenz, 1993, S. 41 ff., 52 f.; *Udo Di Fabio*, Das Recht offener Staaten: Grundlinien einer Staats- und Rechtstheorie, 1998, S. 76 f. 這一項特質如透過與德國傳統的對照，將更為明顯，因為，如同本書在這裡所指出的，在德國法發展背景下，法律基本上不但不被視為對自由的威脅，甚至還往往是實現自由的重要媒介。與此相對，美國權利保障的傳統則結合普通法所蘊含自然權的要素，以此對抗法律的威脅，並進而透過法院來確保權利保障的實現。關於普通法傳統與自然權思想的結合，可進一步參見 ROSCOE POUND, THE SPIRIT OF THE COMMON LAW 85-111 (1921); Karl Nickerson Llewellyn, *One "Realist's" View of Natural Law for Judges*, in JURISPRUDENCE: REALISM IN THEORY AND PRACTICE 111, 114-115 (1962); JAMES REIST STONER, COMMON LAW AND LIBERAL THEORY: COKE, HOBBES, AND THE ORIGINS OF AMERICAN CONSTITUTIONALISM 13-47, 69-175, 185-195 (1992).

立法機關所制定的法律，才最能維護個人的自由❼。這種信任立法權、信任法律的傳統，是我們在理解德國法體系的過程中，不能忽略的基本前提。

二、基本法秩序對法治國與議會民主的預設

　　由以上說明可知，國會及其制定之法律在德國法秩序中所佔據的核心地位，與法治國思想密不可分。相對而言，若由此歷史發展脈絡看來，「立法中心」的思想，在一開始反而並未與現在一般更容易聯想到的民主原則相連結。國會與國會立法固然始終被認為站在人民這一邊，足以代表、彰顯人民的意志；但在十九世紀君主政體的背景之下，其所蘊含之「保障個人自由」的法治國意義，終究遠大於民主意義❽。由此看來，我們不難想見：隨著憲政體制走向議會民主，國會及國會立法的領導地位當然更形鞏固。更具體地說，一旦站在議會民主的制度基礎之上，國會相對於其他國家公權力的優勢，就明顯不僅來自於法治國的理念，更當然來自於議會民主的訴求❾。第二次世界大戰之後，德國基本法採納了典型議會民主的規

---

❼　此即德國法傳統上所謂「透過法律來實現自由」的理念。詳見 *Gerd Morgenthaler*, Freiheit durch Gesetz: der parlamentarische Gesetzgeber als Erstadressat der Freiheitsgrundrechte, 1999.

❽　所以德國著名公法學者 Ernst-Wolfgang Böckenförde 才會強調：十九世紀的傳統法治國思想，必然與自由相連結，但不必然與民主相連結。請參考 *Ernst-Wolfgang Böckenförde*, Entstehung und Wandel des Rechtsstaatsbegriffs, in: ders., Recht, Staat, Freiheit. Studien zur Rechtsphilosophie, Staatstheorie und Verfassungsgeschichte, erweiterte Ausgabe, 2006, S. 143 ff., 148.

❾　關於國會在議會民主制當中的領導地位，可參見 *Peter Badura*, Die parlamentarische Volksvertretung und die Aufgabe der Gesetzgebung, ZG 2 (1987), S. 300 ff.; *Peter Badura*, Diskussionsbeitrag, in: VVDStRL 40 (1982), S. 105, 107; *Kurt Eichenberger*, Gesetzgebung im Rechtsstaat, in: VVDStRL 40 (1982), S. 7 ff., 9 f.; *Peter M. Huber*, Die parlamentarische Demokratie unter den Bedingungen der europäischen Integration, in: ders./Wilhelm Mössle/Martin Stock (Hrsg.), Zur Lage der parlamentarischen Demokratie, 1995, S. 105 ff., 110 f.; *Oliver Lepsius*, Die erkenntnistheoretische Notwendigkeit des Parlamentarismus, in: Martin Bertschi u. a. (Hrsg.), Demokratie und Freiheit. 39. Tagung der Wissenschaftlichen Mitarbeiterinnen und Mitarbeiter der Fachrichtung "Öffentliches Recht", 1999, S. 123 ff., 124 f.; *Dietrich Jesch,* Gesetz und Verwaltung. Eine Problemstudie zum Wandel des

範架構，將立法權視為傳輸整體國民意志、反映公權力民主正當性最重要的中介❿。在這樣的背景底下，國會的民主優位於是並不僅止於它的直接民選基礎，而毋寧更立基在它特別有助於實現民主理念的功能特性之上。換句話說，德國基本法意義下的民主原則，並不僅止於強調國家決定必須由具有民主正當性的機關作成，還包括、甚且更強調國家決定必須由「有能力實現民主理念」的機關作成，因為這才是民主原則的最終規範目的⓫。若從這個角度看來，基本法議會民主制當中國會的民主優位，尤其必須從國會具備相較於其他公權力更高之民主意志形成（Willensbildung）的能力來加以理解。據此，國會所享有的民主尊榮，無疑來自其代表（Repräsentation）的特質，以及組織與決定程序上有利於民主意志形成的特殊性⓬。

　　隨著國會實現民主的特殊任務及功能被基本法秩序具體形塑，前述國會與行政部門之間在傳統上彼此「對抗」的關係，也從以立法權為民主核心，轉而由強調「行政合法性」之立法與行政間的「合作」關係所取代。換言之，議會民主中的行政部門不僅不再具有因其執政權力而來的威權地位，甚且還必須依附並呼應立法部門的意志，否則其行為不但違反法治國

Gesetzmäßigkeitsprinzips, 1961, S. 92 ff.

❿　一般性的討論參見 *Peter Badura*, Die parlamentarische Demokratie, in: Josef Isensee/Paul Kirchhof (Hrsg.), HStR II, 3. Aufl., 2004, § 25, Rn. 7 ff., 27 ff., 34 ff.

⓫　可進一步參見黃舒芃，〈法律保留原則在德國法秩序下的意涵與特徵〉，《民主國家的憲法及其守護者》，頁 7–53，16–19（2009 年）。

⓬　關於國會實現民主的任務與特殊能力，參見 *Oliver Lepsius*, Die erkenntnistheoretische Notwendigkeit des Parlamentarismus, in: Martin Bertschi u. a. (Hrsg.), Demokratie und Freiheit. 39. Tagung der Wissenschaftlichen Mitarbeiterinnen und Mitarbeiter der Fachrichtung "Öffentliches Recht", 1999, S. 124–126, 149–180. 氏從認識論的角度，論證以培養互為主體共識為目的的國會，如何發揮形塑民意、實現民主的功能。另可參見 *Hanno Kube*, Vom Gesetzesvorbehalt des Parlaments zum formellen Gesetz der Verwaltung?, NVwZ 22 (2003), S. 57 ff., 59; *Hans Herbert von Arnim*, Zur "Wesentlichkeitstheorie" des Bundesverfassungsgerichts. Einige Anmerkungen zum Parlamentsvorbehalt, DVBl. 102 (1987), S. 1241 ff., 1242–1246; *Dominic Kohnen*, Die Zukunft des Gesetzesvorbehalts in der Europäischen Union. Zur Rolle des Bundestages in den Angelegenheiten der Europäischen Union, 1998, S. 36.

的要求，更與議會民主之理念相抵觸。於此背景之下，根據當代德國基本法所預設的民主法治國架構，「行政合法性」的訴求，便理所當然地成為德國行政法體系建立的出發點，因為，在民主法治國的框架底下，行政合法性的確保，不僅象徵個人自由不受行政恣意之侵害，更是行政權力回溯人民意志、藉以體現民主的憑證。所以我們可以說，德國基本法秩序對於法治國與議會民主的預設，無疑直接而根本地決定了德國當代憲政體制下，行政與立法兩權之間的相對位置與互動關係。據此，不論是法治國或者議會民主，其所代表的意義都遠遠超過單純理論性、抽象性的上位概念，而對立法與行政部門之間的具體權限分際，具有相當直接而深入的影響力。

值得注意的是，由於有納粹政權帶來的慘痛歷史教訓，使得戰後基本法秩序所構築的民主法治國，不但以鞏固國會立法權及法律的優越地位著稱，更進一步還以確立基本權對所有國家公權力的直接拘束為職志❸。站在這樣的基礎上，民主法治國的徹底實踐，往往不能以確保國會與國會立法在制度形式上的優越性為已足，而無疑更須繫於對基本權全面而完整的維護。從而，基本權功能的廣泛開展，以及由此而來對於國家任務的重新形塑，可謂基本法秩序底下的民主法治國，最重要的特徵之一❹。這種特別重視基本權完整實現的中心思想，必然也將影響立法與行政兩權之間的關係，因為它一方面固然延續「透過國會立法實現基本權之保護」的理念，從而維繫了「議會支配」的制度架構，但另一方面，卻也因為加諸公權力部門越來越繁雜而多樣的任務，而使得行政自主性在基本權功能的全方位開展之下，不得不受到越來越高度的重視與肯認。這一點在探討行政部門制定法規命令時所享有的形成自由究竟有多大的過程中，將特別清楚地凸顯出來；也正因為如此，所以「基本權保護」這個元素在基本法秩序背景下，無疑是不容忽略的。

---

❸ 德國聯邦基本法第 1 條第 3 項即規定，基本權對於立法、行政與司法權，都具有直接的拘束效力。

❹ 關於基本法背景下基本權功能之發展對法治國內涵的影響，可參見 *Udo Di Fabio*, Das Recht offener Staaten: Grundlinien einer Staats- und Rechtstheorie, 1998, S. 52 ff.; *Hasso Hofmann*, Die Entwicklung des Grundgesetzes von 1949 bis 1990, in: Josef Isensee/Paul Kirchhof (Hrsg.) HStR I, 3. Aufl., 2004, § 9, Rn. 64 f.

第 2 節　立基於法治國與議會民主的行政權

一、法律優位與法律保留

　　在前述法治國與議會民主的思考與制度脈絡之下，德國憲政體制下行政權的規範定位是很清楚的：由於立法權才是領導整體法秩序運轉的主角，因此行政權力之行使，基本上當然必須奠基於立法部門所預先設定的規範基礎（亦即法律）之上，跟隨立法者的腳步而行動。這便是我們所熟知的「依法行政原則」。對德國基本法秩序來說，不論是所謂「消極依法行政」（亦即法律優位）或是「積極依法行政」（亦即法律保留），都是民主法治國的規範基礎順理成章具體化之後，所表現出來的釋義學結果。其中，「法律優位」聲明了國會立法的位階高於行政決定，從而要求行政機關的權力行使，不能抵觸既有的法律規定；而「法律保留」則更進一步地將特定事務領域劃歸為「非法律不得為之」的國會專屬管轄領域，因此要求行政機關，在法律沒有規定或沒有授權的前提下，根本不能行使其權力❺。在相當程度上，相較於法律優位，法律保留原則的確立，更充分展現出德國基本法秩序底下「議會支配」的精神，因為「法律保留」的揭示，無異於預先保障了立法相對於行政部門的優先管轄範圍，從而在立法與行政權限分際的釐清上，明顯導向於立法中心、甚至立法本位的思考。如前所述，法治國的思想傳統，與憲政民主化的趨勢，共同造就了德國基本法「議會支配」的體制基調；就此而論，法律保留原則於二次戰後在理論與實務上的蓬勃發展，無疑是基本法秩序底下「法治國民主」最清晰而具體的見證。

❺　參見 *Fritz Ossenbühl*, Vorrang und Vorbehalt des Gesetzes, in: Josef Isensee/Paul Kirchhof (Hrsg.), HStR III, 1988, § 62; *Dirk Ehlers*, Rechtsquellen und Rechtsnormen der Verwaltung, in: Hans-Uwe Erichsen/ders. (Hrsg.), Allgemeines Verwaltungsrecht, 13. Aufl., 2006, S. 52 ff., 69 ff.

如同學者 Dietrich Jesch 的名著《法律與行政 (Gesetz und Verwaltung)》所強調的，基本法秩序所建立的議會民主架構，不但為立法與行政兩權的關係帶來根本性的改變，也就此樹立了「依法行政」這個行政法體系開展的立足點。據此，國會與國會法律的功能，既已從過去君主政體下之「確保個人自由免受君主王權無限的侵害」（從而作為「國家侵害個人的前提要件」），轉變為「確保國家權力的民主正當性」（從而作為「一切國家權力行使的前提要件」）❶，則法律保留的適用範圍，自然不能侷限於以往的「侵害保留」，而必須擴及所有的事務領域，讓各領域的國家權力行使均有國會法律的依據。儘管 Jesch 這種主張「全面保留 (Totalvorbehalt)」的論點，由於太極端強調國會權力一元論、過分將行政權矮化成單純的「執行」機關，而未曾成為主流❶，但他的著作所秉持「議會支配」的中心思想，卻在後來促成了論者所謂「加強型法律保留」之「國會保留 (Parlamentsvorbehalt)」❶以

---

❶ 詳見 *Dietrich Jesch*, Gesetz und Verwaltung. Eine Problemstudie zum Wandel des Gesetzmäßigkeitsprinzips, 1961, S. 171–236.

❶ 參見 *Eckhard Pache*, Tatbestandliche Abwägung und Beurteilungsspielraum: Zur Einheitlichkeit administrativer Entscheidungsfreiräume und zu deren Konsequenzen im verwaltungsgerichtlichen Verfahren—Versuch einer Modernisierung, 2001, S. 14 f. 如同部分學者所揭示的，國會在議會民主原則底下扮演核心角色，並不意味其他國家權力欠缺民主正當性基礎，更不表示權力分立可以由國會的權力一元論來取代。參見 *Fritz Ossenbühl*, Vorrang und Vorbehalt des Gesetzes, in: Josef Isensee/Paul Kirchhof (Hrsg.), HStR III, 1988, § 62, Rn. 18; *Hans Herbert von Arnim*, Zur "Wesentlichkeitstheorie" des Bundesverfassungsgerichts. Einige Anmerkungen zum Parlamentsvorbehalt, DVBl. 102 (1987), S. 1241 ff., 1243. 實務上對於這一點的闡釋，可參見 BVerfGE 49, 89 (124); BVerfGE 68, 1 (87). 也正因為各國家機關都具有制度上的民主正當性基礎（對此參見 *Ernst-Wolfgang Böckenförde*, Demokratie als Verfassungsprinzip, in: Josef Isensee/Paul Kirchhof (Hrsg.), HStR I, 1987, § 22, Fn. 15），所以在議會民主制底下，國會的民主優位，不能只從國會的直接民主正當性來證成，而毋寧如前所述，還植基於國會實現民主的特殊能力。

❶ 關於國會保留的詳細討論可參見 *Jürgen Staupe*, Parlamentsvorbehalt und Delegationsbefugnis: Zur "Wesentlichkeitstheorie" und zur Reichweite legislativer Regelungskompetenz, insbesondere im Schulrecht, 1986. 儘管在精確定義上仍有所爭議，但總的來說，多數學者似乎較傾向於認為：雖然國會保留意味著某些事務領域授權的禁止，不過並未完全排除國會在該等事務領域範圍內，針對相對不那麼重要的事項，依據聯邦基本法第 80 條第 1 項第二句之「授權明確性」原則進行授權的可能，從而不論國會保留、法律保留或授權明確性，論其實際都指向國會法律規範密度的問題，而國會保留的認定，也因此不必然直接排

及企圖將法律保留規範密度更精緻化之「重要性理論 (Wesentlichkeitstheorie)」⑲，在學界及實務上的發展。由此看來，法律保留原則適用領域、適用範圍與適用密度等相關問題的討論，顯然都不只是純粹概念上的爭議，而涉及更根本的憲政議題，亦即：在法治國與議會民

除基本法第 80 條第 1 項第二句之授權明確性原則的適用。參見 *Ernst-Wolfgang Böckenförde*, Nachwort: Gesetzesbegriff und Gesetzesvorbehalt. Bemerkungen zur Entwicklung und zum heutigen Stand der Diskussion (1981), in: ders., Gesetz und gesetzgebende Gewalt. Von den Anfängen der deutschen Staatsrechtslehre bis zur Höhe des staatsrechtlichen Positivismus (1958), 2. Aufl., 1981, S. 375–402, 393; *Hans-Uwe Erichsen*, Vorrang und Vorbehalt des Gesetzes, Jura 17 (1995), S. 550–554, 553; *Frank Rottmann*, Der Vorbehalt des Gesetzes und die grundrechtlichen Gesetzesvorbehalt, EuGRZ 12 (1985), S. 277–297, 295 f. 不過亦有論者認為，國會保留事務領域的明確性要求，與基本法第 80 條第 1 項第二句的授權明確性原則不能相互混淆；換言之，國會保留對於國會規範密度的要求，應該高於基本法第 80 條第 1 項第二句的標準。參見 *Jürgen Staupe*, Parlamentsvorbehalt und Delegationsbefugnis: Zur "Wesentlichkeitstheorie" und zur Reichweite legislativer Regelungskompetenz, insbesondere im Schulrecht, 1986, S. 140–148. 此外尚有學者將「國會保留」與「重要性理論」所強調的重點明確區分，認為前者只關係到「誰做決定」的問題，後者則單純涉及「國會保留底下的」規範密度的問題，從而僅僅在一個事務領域被判定為「國會保留」的前提下，才會被提出探討，亦即其功能在於「界定國會保留事項的具體規範密度」。參見 *Oliver Lepsius*, Die erkenntnistheoretische Notwendigkeit des Parlamentarismus, in: Martin Bertschi u. a. (Hrsg.), Demokratie und Freiheit. 39. Tagung der Wissenschaftlichen Mitarbeiterinnen und Mitarbeiter der Fachrichtung "Öffentliches Recht", 1999, S. 123–180, 174–177. 不過筆者認為，這種看法似乎忽略了重要性理論在聯邦憲法法院眼中，不僅必須決定「國會應該採取何種規範密度」，也必須在一開始決定「誰應該對眼前事務領域負有管轄任務」。對此參見 BVerfGE 40, 237 (249); BVerfGE 47, 46 (79 f.); BVerfGE 58, 257 (268 f.); BVerfGE 68, 1 (97); BVerfGE 77, 170 (230 f.). 並可參見 *Rottmann*, ebenda, S. 286 f.

⑲ 所謂「重要性理論」最簡單而粗略的定義，就是「重要的事務必須由立法者親自作決定」。對此參見 BVerfGE 33, 125 (158); BVerfGE 40, 237 (249); BVerfGE 49, 89 (126 f.); BVerfGE 58, 257 (268 f.); BVerfGE 84, 212 (226), BVerfGE 98, 218 (251 f.). 重要性理論除了在聯邦憲法法院做出「所謂重要，係指對基本權的實現重要而言」的闡釋之下，凸顯出前述法治國原則「透過國會法律確保個人自由」的主要精神以外，更表現了立法者在議會民主制底下始徹底享有的民主優越地位。正因為如此，所以議會權力一元論固不可採，但議會民主原則所蘊含的「議會支配」理念，卻絕對象徵國會在實現民主的過程中所肩負的關鍵任務與具備的特殊功能，而「重要」的事務也因此必須交由立法者管轄，甚至必須由立法者親自處理，也就是説，必須根據事務領域的重要程度，界定從禁止授權之「國會保留」到允許授權之「法律保留」寬嚴不等的規範密度。就此意義而言，我國大法官釋字第 443 號解釋理由書對於所謂「層級化法律保留」的闡釋，也帶有類似德國重要性理論的意涵。

主共同建構的「依法行政」背景之下，行政權力的行使，究竟應該受到多大、多嚴密的法律控制？唯有釐清此一環節，我們才能清楚掌握行政權的發動如何在「法律優位」與「法律保留」的控管之下，同時保有滿足依法行政要求之「正當性」，以及基於其任務屬性而被期待發揮的「自主性」。

二、受法律拘束的行政權與「行政立法權」

如前所述，在「依法行政」的架構之下，唯有法律才能確保法治國與議會民主的完整實現。正因如此，所以行政權力的發動，必須在法律的規範框架底下進行，從而當然必須受到法律的拘束。儘管基本法秩序所建構的權力分立，不可否認地賦予立法、行政與司法三權各自獨立施展的活動空間❷，但其中立法者基於法治國及議會民主所佔據的中心地位與支配權力，終究使得肩負「執行」而非「創造」法規範任務的行政權，無論如何都被視為一種「適用法律」、而非「制定法律」的活動，也因此始終必須服從法律的意志決定。

在這個認知基礎上，行政權力的發動，無疑是一種將法律意旨具體化 (konkretisieren) 的表現：根據權力分立的典型，立法者負責為我們的社會生活，預先形塑一般性、抽象性的法律規定；而行政部門則必須在法律所預先規劃的條件下，將法律意旨具體化適用到其所職司的權限範疇之中❷。據此，不論行政機關在行使權力的過程中，發揮多少摻雜了意志決定成分

---

❷ 可參見 *Udo Di Fabio*, Gewaltenteilung, in: Josef Isensee/Paul Kirchhof (Hrsg.), HStR II, 3. Aufl., 2004, § 27, Rn. 18 ff.; *Christoph Möllers*, Gewaltengliederung: Legitimation und Dogmatik im nationalen und internationalen Rechtsvergleich, 2005, S. 94 ff.

❷ 關於立法與行政的功能在這個意義上的區分，詳見 *Christoph Möllers*, Gewaltengliederung: Legitimation und Dogmatik im nationalen und internationalen Rechtsvergleich, 2005, S. 112 ff. 當然，在國家任務日益繁雜的發展趨勢之下，行政對立法意旨的「具體化」，也從原本的執行法律意志，衍生出更多不同的功能面向，例如透過行政立法權的發動，讓法律的適用能夠與時俱進，甚至調和法律規定本身的矛盾等等。對此可參見 *Hermann Hill*, Normsetzung und andere Formen exekutivischer Selbstprogrammierung, in: Wolfgang Hoffmann-Riem/Eberhard Schmidt-Aßmann/Andreas Voßkuhle (Hrsg.), Grundlagen des Verwaltungsrechts, Band II: Informationsordnung, Verwaltungsverfahren, Handlungsformen, 2008, § 34, Rn. 5.

的「準立法」功能，從基本法「民主法治國」所構築「議會支配」的權力分立結構看來，它的權力發動都仍然無法與國會所執掌的立法權相提並論，因為它無論如何都仍是一種以法律為前提、持續受到法律控制的「法適用」權限。由此看來，「法適用」的活動本質不僅標明出行政權力之行使在方法論上「承接、具體化法律規範意旨」的定位，也象徵行政權在基本法秩序中所扮演「配合實現民主法治國理念」的角色。正因如此，所以在整個行政法規範體系中，我們可以一再發現：對行政權形成自由的承認，往往總是伴隨著對該形成自由的法律控制與拘束。從「裁量 (Ermessen)」、「不確定法律概念 (unbestimmter Rechtsbegriff)」到「判斷餘地 (Beurteilungsspielraum)」這一系列行政法釋義學對於行政決定之形成自由的開放、形塑與限制❷當中，不難看出行政權作為「法適用」權限不同於立法權之處何在。簡單地說，行政機關的法適用任務固然不像法院一般，必須謹守被動、消極的行為特徵，但行政權力的（對外）發動，原則上都必須以法律為前提，在法律所給定或允許的條件之下進行。

　　若從這個角度看來，行政機關被基本法所賦予的法規命令 (Rechtsverordnung) 制定權，也必須遵守這個最根本的法適用界限。不可否認地，相較於原則上仍以涵攝 (Subsumtion) 為其權力行使之基本模式的行政處分 (Verwaltungsakt)❸，法規命令由於在規範功能上，形同分擔了國會

---

❷　關於德國行政法釋義學體系中，「裁量」、「不確定法律概念」與「判斷餘地」三者之間的關係，及其所顯示行政「受拘束性」與「自主性」，在法律支配架構下的拉鋸，可參見 *Dietrich Jesch*, Unbestimmter Rechtsbegriff und Ermessen in rechtstheoretischer und verfassungsrechtlicher Sicht, AöR 82 (1957), S. 163 ff.; *Martin Bullinger*, Das Ermessen der öffentlichen Verwaltung: Entwicklung, Funktionen, Gerichtskontrolle (1984), in: ders., Regulierung von Wirtschaft und Medien, 2008, S. 12 ff., 17–28; *Matthias Jestaedt*, Maßstäbe des Verwaltungshandelns, in: Hans-Uwe Erichsen/Dirk Ehlers (Hrsg.), Allgemeines Verwaltungsrecht, 13. Aufl., 2006, S. 291 ff.; *Shu-Perng Hwang*, Richtigkeit als Rechtsbegriff? Eine Überlegung zur Reform des allgemeinen Verwaltungsrechts aus rechtsmethodologischer Perspektive, VerwArch 101 (2010), S. 180 ff., 184 ff.; *Shu-Perng Hwang*, Gesetzesbindung durch unbestimmte Rechtsbegriffe: Eine kompetenzielle Überlegung, VerwArch 102 (2011) (im Erscheinen). 中文文獻可參考翁岳生，〈論「不確定法律概念」與行政裁量之關係〉，《行政法與現代法治國家》，頁 37–107（1979 年三版）。

❸　不同於法規命令，行政處分是行政機關就公法上具體事件所為之個案決定，也因此是一種將抽

的立法任務，甚且如同國會所制定的法律一般，具備抽象性、一般性、對外發生效果的特徵，因此就其性質而論，當與法律更為接近。然而，如前所述，既然法規命令終究是歸屬於行政部門的權限，則其權限之行使，乃至於實體內容的決定，當然仍須受到法律的監控，致力於法律規範目的的實現。就此而論，儘管法規命令已實至名歸地被定位成行政立法權的具體展現，但在規範屬性上，仍然不同於國會立法，而（如同其他行政行為一般）是歸屬於行政權力的一環。

　　當然，將法規命令明確定性成行政行為，並不是要否定它所扮演的實質「立法」功能。隨著社會結構日趨複雜以及國家任務的膨脹與多樣化，即便是德國基本法秩序的議會支配思想，也必須承認國會立法的侷限，以及隨之而來「行政立法」的必要性。換言之，法規命令之制定，往往是為了彌補法律規定的不足。在這樣的背景之下，法規命令在實際上所負擔立法任務的分量，往往並不亞於法律，因為法律未能預先設想到、或者不打算預先安排底定的具體生活情境實在太多❷。若從更積極性的角度看來，將部分的規範制定權限交給行政部門來分擔，其實也具有期待行政機關基於其相對於立法者的專長或優勢，來發揮一定程度自主性的意義。由於一般而言，由專業官僚組成的行政機關往往比（職司形塑民意之）國會更有能力貼近、處理各種不同類型的事務領域❷，因此在一定程度上，法規命

象法律規範，透過涵攝而適用到具體個案上的典型「法適用」行為。關於行政處分的概念，及其在德國行政法釋義學體系中扮演的樞紐角色，可參見 *Christian Bumke*, Verwaltungsakte, in: Wolfgang Hoffmann-Riem/Eberhard Schmidt-Aßmann/Andreas Voßkuhle (Hrsg.), Grundlagen des Verwaltungsrechts, Band II: Informationsordnung, Verwaltungsverfahren, Handlungsformen, 2008, § 35.

❷ 例可參見 *Hans-Heinrich Trute*, Methodik der Herstellung und Darstellung verwaltungsrechtlicher Entscheidungen, in: Eberhard Schmidt-Aßmann/Wolfgang Hoffmann-Riem (Hrsg.), Methoden der Verwaltungsrechtswissenschaft, 2004, S. 293 ff., 316 ff. 關於法規命令越來越被倚重的趨勢，及其在當代國家任務膨脹及複雜化的背景下所肩負的各種功能，詳見 *Johannes Saurer*, Die Funktionen der Rechtsverordnung. Der gesetzgeberische Zuschnitt des Aufgaben- und Leistungsprofils exekutiver Rechtsetzung als Problem des Verfassungsrechts, ausgehend vom Referenzgebiet des Umweltrechts, 2005, S. 63 ff.

❷ 關於行政權在組織與功能上相對於立法權的特色，可參見 *Mario Martini*,

令制定權的賦予，正是在權力分立架構之下，信任並倚賴行政專業，俾能促進行政與立法充分合作的具體表現。話說回來，法規命令既非以取代、而是以補充國會立法為目的，其發布自然不足以、也不可能撼動德國以國會法律為調控核心的法秩序傳統與權力分立結構❷⁶。相反地，正因為法規命令是一種承接法律規範、同時以法律意旨為依歸的行政行為，所以它的權限範圍，無非必須由法律的控制密度來加以決定，從而依然充分反映出議會支配思想下，以「行政合法性」之確保作為中心理念的規範基調。既然法規命令的訂定一方面足以表現行政機關的立法權能，另一方面又必須持續受到法律的控制，我們不難想見：在這個以行政合法性為核心的規範架構當中，國會法律與法規命令兩者之間，必須保持一個既可蘊含立法與行政彼此任務分工的彈性，又可維繫立法對行政之實體內容監控的互動關係。準此，法律對行政部門的「授權 (Ermächtigung)」，於是順理成章地成為國會立法拘束行政立法最重要的工具，也因此是整個法規命令規範體系中的關鍵概念。

Normsetzungsdelegation zwischen parlamentarischer Steuerung und legislativer Effizienz—auf dem Weg zu einer dritten Form der Gesetzgebung?, AöR 133 (2008), S. 155 ff., 158.

❷⁶ 這一點在眾多德國相關文獻中被再三強調。例可參照 *Eberhard Schmidt-Aßmann*, Das allgemeine Verwaltungsrecht als Ordnungsidee: Grundlagen und Aufgaben der verwaltungsrechtlichen Systembildung, 2. Aufl., 2006, S. 183 ff.; *Franz Reimer*, Das Parlamentsgesetz als Steuerungsmittel und Kontrollmaßstab, in: Wolfgang Hoffmann-Riem/Eberhard Schmidt-Aßmann/Andreas Voßkuhle (Hrsg.), Grundlagen des Verwaltungsrechts, Band I: Methoden—Maßstäbe—Aufgaben—Organisation, 2006, § 9, Rn. 69 ff.; *Hermann Hill*, Normsetzung und andere Formen exekutivischer Selbstprogrammierung, in: Wolfgang Hoffmann-Riem/Eberhard Schmidt-Aßmann/Andreas Voßkuhle (Hrsg.), Grundlagen des Verwaltungsrechts, Band II: Informationsordnung, Verwaltungsverfahren, Handlungsformen, 2008, § 34, Rn. 19, 48.

第 3 節 以「法律授權」為基礎的法規命令

　　如前所述，在戰後法律優越及法律保留原則的支配下，「行政立法權」的發動，在在必須奠立於法律所鋪陳的基礎。換言之，由於法治國與議會民主均需仰賴法律對行政權力的規範控制來加以實現，因此，行政部門的法規命令制定權，勢必要透過立法者的中介，從法律導出，而不能站在基本法秩序的基礎上獨立發動❷。所以，根據德國通說見解，行政機關並不能直接依據自己的職權，來發布對外發生法規範效果的命令❷，亦即無所謂脫離法律授權網絡的「職權命令」存在的空間❷。據此，行政機關究竟

---

❷　參見 *Michael Brenner*, in: Hermann von Mangoldt/Friedrich Klein/Christian Starck, Das Bonner Grundgesetz: Kommentar, Band III: Art. 79–146, 4. Aufl., 2001, Art. 80, Rn. 7, 14, 27; *Jörg Lücke/Thomas Mann*, in: Michael Sachs (Hrsg.), Grundgesetz-Kommentar, 4. Aufl., 2007, Art. 80, Rn. 5.

❷　就此意義而言，德國早期行政法釋義學中，在所謂「特別權力關係 (besondere Gewaltverhältnisse)」之下，容許行政機關對於「特別權力關係」相對人所制定的「特別命令 (Sonderverordnung)」，可說是這種主流發展中的一項例外。關於「特別命令」（在某種程度上）突破德國傳統主流見解不容許職權命令存在的特殊屬性，可參見 *Walter Krebs*, Zur Rechtsetzung der Exekutive durch Verwaltungsvorschriften, VerwArch 70 (1979), S. 259 ff., 266 f.; *Fritz Ossenbühl*, Rechtsquellen und Rechtsbindungen der Verwaltung, in: Hans-Uwe Erichsen/Dirk Ehlers (Hrsg.), Allgemeines Verwaltungsrecht, 12. Aufl., 2002, § 6, Rn. 58 f.

❷　例可參見 *Jörg Lücke/Thomas Mann*, in: Michael Sachs (Hrsg.), Grundgesetz-Kommentar, 4. Aufl., 2007, Art. 80, Rn. 5. 然而，通說這項對職權命令採取全面否定態度的見解，顯然與前述對法律保留原則之適用範圍採「重要性理論」的看法相互矛盾，因為，「重要性理論」既然容許「不重要」的事務可以不需要法律授權，則行政機關基於職權而針對此等「不重要」事務，透過命令進行獨立規制的可能性，便無法完全排除。換句話説，德國基本法第 80 條第 1 項關於授權明確性的規定（詳後述），並不足以被解釋成行政機關所有的命令制定，都必須要有法律的授權。這種致力於突破傳統上認為「任何行政機關所制定之命令皆須有法律授權」之見解，進而為行政機關的命令制定權，尋找獨立正當性基礎的論調，在德國似乎有越來越受到擁護的

是否有權針對特定事務發布法規命令，以及其法規命令發布權限範圍如何，都必須視法律規範之內容而定。前面曾經提過，法規命令的功能，往往是在於補充法律規定之不足。若從這個角度看來，行政機關之所以有發布法規命令的「立法」空間，其實正是來自於立法者本身的旨意。更具體而言，行政部門之所以享有法規命令的制定權，是因為立法者希望法規命令在一定程度上，承擔其「法制定」的任務，而在此同時又能基於「依法行政」的「法適用」誡命，持續受到其法律規範的監控。正是基於這種任務之賦予，及合法性之要求，使得立法者對行政機關進行「授權 (ermächtigen)」的必要性呼之欲出。

趨勢。例可參見 *Hans-Detlef Horn*, Die grundrechtsunmittelbare Verwaltung. Zur Dogmatik des Verhältnisses zwischen Gesetz, Verwaltung und Individum unter dem Grundgesetz, 1999, S. 64 ff.; *Armin von Bogdandy*, Gubernative Rechtsetzung. Eine Neubestimmung der Rechtsetzung und des Regierungssystems unter dem Grundgesetz in der Perspektive gemeineuropäischer Dogmatik, 2000, S. 39 ff.; *Eberhard Schmidt-Aßmann*, Die Rechtsverordnung in ihrem Verhältnis zu Gesetz und Verwaltungsvorschrift, in: Paul Kirchhof/Moris Lehner/Arndt Raupach/Michael Rodi (Hrsg.), Staaten und Steuern. Festschrift für Klaus Vogel zum 70. Geburtstag, 2000, S. 477 ff., 479 ff.; *Hermann Hill*, Normsetzung und andere Formen exekutivischer Selbstprogrammierung, in: Wolfgang Hoffmann-Riem/Eberhard Schmidt-Aßmann/Andreas Voßkuhle (Hrsg.), Grundlagen des Verwaltungsrechts, Band II: Informationsordnung, Verwaltungsverfahren, Handlungsformen, 2008, § 34, Rn. 24. 較為保留的觀點則可參見 *Monika Jachmann*, Die Bindungswirkung normkonkretisierender Verwaltungsvorschriften. Anmerkungen zu einer Rechtsetzungsfunktion der rechtsanwendenden Verwaltung aus methodologischer sowie verfassungsrechtlicher Sicht, Die Verwaltung 28 (1995), S. 17 ff., 23. 儘管如此，從（針對不重要事務的）職權命令在德國基本法秩序下的生存空間，至今仍備受爭議與質疑的局面看來，當今關於行政機關是否、以及如何享有獨立命令制定權的討論，事實上更清楚顯示了德國在二次戰後，致力於讓國會法律的領導地位堅強穩固的基本價值觀。即使在過去一、二十年來，德國行政法學界開啟了一系列行政法總論革新的風潮（詳後述），紛紛對於「國會支配」、「法律支配」的傳統提出各種質疑及反省，但是這整個檢討，也並沒有一味地鼓吹行政應該脫離法律的控制。況且，這種比較偏向維護行政自主性的立場，在德國也引來另一批學者的抨擊。對此之相關討論，可參見 *Ivo Appel*, Das Verwaltungsrecht zwischen klassischem dogmatischen Verständnis und steuerungswissenschaftlichem Anspruch, in: VVDStRL 67 (2008), S. 226 ff.; *Martin Eifert*, Verwaltungsrecht zwischen klassischem dogmatischen Verständnis und steuerungswissenschaftlichem Anspruch, in: VVDStRL 67 (2008), S. 286 ff. 在以上所引的這本德國國家法年會論文集當中，除了兩篇會議論文之外，接續收錄的現場口頭討論，也清楚呈現出德國當代學界對於前述行政法革新路線正反意見的對立與交鋒。

　　這裡所謂「授權」，顧名思義，就是立法者藉由其所制定之法律，將針對某特定事務進一步立法規範的權限，授予行政部門。透過這層授權，行政機關不僅獲得制定法規命令的合法性基礎，也因此而與立法者建立起緊密的分工合作關係，因為，基於法律授權而衍生的法規命令，就是要去處理法律力有未逮的事務領域，在法律所給予的「法適用」框架底下，進行「法制定」。由此可見，基本法秩序底下的「授權」，指的並不是就此放任行政部門取代國會、或者法規命令取代法律的功能，而反倒是意味著法律對於法規命令未曾歇止的規範控制，以及「議會支配」之理念，在行政職能高漲趨勢下的維繫與貫徹 ❸。唯有在這樣的認知基礎上，我們才能瞭解「授權」在法規命令規範體系中的重要性與具體意義何在。正因為「授權」身兼「行政權力的賦予」與「行政權力的控制」這兩項攸關民主法治國具體實踐的關鍵性任務，所以在德國當代行政法體系中，針對「法律授權應如何為之」的議題，不論在學說或實務上，都發展出相當繁多而精緻的討論成果。不過無論如何，重點都在於「法律授權」在德國基本法秩序結構中，所扮演規範立法與行政關係的關鍵性角色。換句話說，授權的概念體系，必須要從「法律究竟如何發動對行政部門法規命令制定權限之規範」的觀察角度出發，才能被完整理解。

二、行政 vs. 立法：法規命令的合法性要件

　　既然法規命令在憲法上的正當性原則上必須來自於法律 ❸，則法律所

---

❸ 關於法律授權的拘束面向，可進一步參見 *Shu-Perng Hwang*, Grundrechtsoptimierung durch (Kelsensche) Rahmenordnung. Zugleich ein Beitrag zur grundrechtsoptimierenden Funktion der unbestimmten Rechtsbegriffe am Beispiel "Stand von Wissenschaft und Technik", Der Staat 49 (2010), S. 456 ff., 464 ff.; *Shu-Perng Hwang*, Gesetzesbindung durch unbestimmte Rechtsbegriffe: Eine kompetenzielle Überlegung, VerwArch 102 (2011) (im Erscheinen)；黃舒芃，〈法律授權與法律拘束：Hans Kelsen 的規範理論對德國行政法上「不確定法律概念」拘束功能的啟示〉，《政治與社會哲學評論》，第 33 期，頁 47–95（2010 年）。

❸ 參見 *Dietrich Jesch*, Gesetz und Verwaltung. Eine Problemstudie zum Wandel des Gesetzmäßigkeitsprinzips, 1961, S. 94 ff., 171 ff. 不過，如前所述，這種古典看法在當代已受

提供的授權基礎，理所當然是法規命令取得合法性的核心條件。有鑑於過去威瑪憲法並未針對法律對法規命令的授權予以明文、明確的規範，致使立法與行政二者在規範制定權上的分工曖昧不清，甚至因此而造成後來的納粹政權，站在行政部門的法規命令制定權本即因法律的頻繁授權而十分活躍的基礎上 ❸，透過授權法 (Ermächtigungsgesetz/Gesetz zur Behebung der Not von Volk und Reich) 的頒布，摧毀法治國基礎的結果 ❸，二次大戰後的基本法秩序，明顯試圖透過將法律之「授權」直接納入憲法的明文規制，重新建立國會法律作為整體法秩序首腦的權威。基本法第 80 條第 1 項第一句即規定，聯邦政府、聯邦部長或邦政府，得基於法律的授權，發布法規命令。這使得「法律授權」成為法規命令的合法性基礎。尤有進者，法規命令的合法性條件，並不單單以「法律授權之存在」為已足。基本法第 80 條第 1 項第二句更進一步規定，該「授權」的內容、目的與範圍，必須在法律中明定。此即所謂「授權明確性原則」。從歷史發展的角度看來，將授權明確性的要求，提升至憲法層次的明文規定，可說是德國憲法史無前例的創舉 ❸。不過，若從德國「立法中心」的法秩序結構出發，「授權明確性」

到許多挑戰。

❸ 關於行政立法權在威瑪共和時期所扮演舉足輕重的角色，可參見 *Hermann Hill*, Normsetzung und andere Formen exekutivischer Selbstprogrammierung, in: Wolfgang Hoffmann-Riem/Eberhard Schmidt-Aßmann/Andreas Voßkuhle (Hrsg.), Grundlagen des Verwaltungsrechts, Band II: Informationsordnung, Verwaltungsverfahren, Handlungsformen, 2008, § 34, Rn. 18; *Johannes Saurer*, Die Funktionen der Rechtsverordnung. Der gesetzgeberische Zuschnitt des Aufgaben- und Leistungsprofils exekutiver Rechtsetzung als Problem des Verfassungsrechts, ausgehend vom Referenzgebiet des Umweltrechts, 2005, S. 41.

❸ 德國於 1933 年 3 月 24 日所頒布的「授權法」，由於使得行政部門可以不經國會而自行制定（取代國會法律之）命令，因此導致法律與法規命令的區分，在實質上的瓦解。對此參見 *Johannes Saurer*, Die Funktionen der Rechtsverordnung. Der gesetzgeberische Zuschnitt des Aufgaben- und Leistungsprofils exekutiver Rechtsetzung als Problem des Verfassungsrechts, ausgehend vom Referenzgebiet des Umweltrechts, 2005, S. 44 f.

❸ 關於基本法第 80 條第 1 項規定之歷史背景，可參見 *Hartmut Bauer*, in: Horst Dreier (Hrsg.), Grundgesetz-Kommentar, Band II: Art. 20–82, 2. Aufl., 2006, Art. 80, Rn. 1–4; *Mario Martini*, Normsetzungsdelegation zwischen parlamentarischer Steuerung und legislativer Effizienz—auf dem Weg zu einer dritten Form der Gesetzgebung?, AöR 133 (2008), S. 155

的要求顯然是順理成章的。如前所述，所謂的「授權」，在德國行政法體系中，所代表的絕非授權機關（立法者）對系爭事務領域的放任或「棄守」。既然如此，究竟進行授權的法律要下放「多少」以及「哪些」權限給負責制定法規命令的行政機關，當然必須在法律中明確規定，否則，不僅行政機關容易利用不明確的法律授權基礎，實質侵犯立法者的權限，立法者自己往往也不免藉由不明確的授權，而將屬於自身的責任推卸給行政機關❸。就此而論，第 80 條第 1 項第二句的「授權明確性」，乃是針對法律、而非法規命令而來的要求❸，因為它所訴求的重點毋寧在於：法律必須藉由授權內容、目的與範圍的明確規定，確保法規命令之制定仍然受到法律框架的約束與控制，藉此而得以堅守其作為整體法秩序領導核心的地位。因此，假如立法者違反該「授權明確性」的要求，進行所謂「空白授權」，便已因為在事實上喪失對法規命令制定內容、目的與範圍的控制，而無異於違反基本法所給定的權力分立框架，將它的法制定權限（不正當地）讓渡給行政機關。若從這個角度看來，授權明確性原則在基本法中的明文確立，對立法與行政兩權之間的權限分際而言，無疑具有相當重要的意義，而這也再度凸顯出國會立法相對於行政的優越地位，與隨之而來更高的政治責任。

　　當然，不可否認的是，所謂「授權之內容、目的與範圍必須在法律中明定」的要求，在具體法律個案中究竟是否被滿足，往往是有爭議的。除了「內容」、「目的」與「範圍」這些要件彼此之間經常無法明確區隔❸之外，到底什麼樣的授權規定，才可被視為足夠具體明確，足以符合基本法的要求，往往也必須留待個案判斷，從而成為法院進行違憲審查的重要議題。根據一般的見解，只要法律授權之內容、目的與範圍，能夠從法律整

---

ff., 160.

❸ 對此參見 *Michael Brenner*, in: Hermann von Mangoldt/Friedrich Klein/Christian Starck, Das Bonner Grundgesetz: Kommentar, Band III: Art. 79–146, 4. Aufl., 2001, Art. 80, Rn. 5.

❸ 參見 *Michael Brenner*, in: Hermann von Mangoldt/Friedrich Klein/Christian Starck, Das Bonner Grundgesetz: Kommentar, Band III: Art. 79–146, 4. Aufl., 2001, Art. 80, Rn. 31–33; BVerfGE 101, 1 (30).

❸ 德國聯邦憲法法院因此認為，欲判斷法律授權之內容、目的與範圍是否足夠明確，往往必須進行整體的觀察。參見 BVerfGE 38, 348 (357 f.).

體規範意旨中推知，原則上便已符合憲法授權明確性的要求❸。此外，在前述重要性理論的影響之下，由於立法者在所有「重要」的事務領域，都必須扮演領導決策的角色，因此，儘管法律可以透過明確授權，而將立法任務交付給行政機關，但為了確保所有重要的決定仍係由立法者作成，主流見解均認為，在越重要的領域，或者更精確地說，在對於基本權的實現越重要的領域，對授權明確性的條件要求與把關，就應該越嚴格❸。

在要求法律授權暨授權明確性的規範基礎上，基本法為法規命令設定了若干形式面與實質面的合法性要件。如果從「授權作為核心」的角度出發，我們將不難發現：這種種形式與實質的合法性條件，主要目的無非都是在確保法律的授權框架對於法規命令的拘束，藉此維護法治國與議會民主之落實。

㈠法規命令的形式合法性要件

就形式層面而言，法規命令既需擁有具體明確的法律授權，其合法性首先便須建立在「敘明法律授權基礎」之上。基本法第 80 條第 1 項第三句即規定，法規命令必須載明作為其授權依據的法律基礎。根據通說的看法，所謂的「載明」並不僅止於要求法規命令指出其所依據的法律名稱，而還要求法規命令必須具體言明：其所依據的授權基礎，究竟是授權母法中的哪一個授權條款❹。這項看來僅屬形式層面的規定，事實上具有「確立法

---

❸ 參見 *Rüdiger Sannwald*, in: Bruno Schmidt-Bleibtreu/Hans Hofmann/Axel Hopfauf, Kommentar zum Grundgesetz (GG), 11. Aufl., 2008, Art. 80, Rn. 63–71; *Hartmut Bauer*, in: Horst Dreier (Hrsg.), Grundgesetz-Kommentar, Band II: Art. 20–82, 2. Aufl., 2006, Art. 80, Rn. 34; *Jörg Lücke/Thomas Mann*, in: Michael Sachs (Hrsg.), Grundgesetz-Kommentar, 4. Aufl., 2007, Art. 80, Rn. 23–26; *Mario Martini*, Normsetzungsdelegation zwischen parlamentarischer Steuerung und legislativer Effizienz—auf dem Weg zu einer dritten Form der Gesetzgebung?, AöR 133 (2008), S. 155 ff., 162 f.

❸ 對此可參見 *Rüdiger Sannwald*, in: Bruno Schmidt-Bleibtreu/Hans Hofmann/Axel Hopfauf, Kommentar zum Grundgesetz (GG), 11. Aufl., 2008, Art. 80, Rn. 72 f.; *Jörg Lücke/Thomas Mann*, in: Michael Sachs (Hrsg.), Grundgesetz-Kommentar, 4. Aufl., 2007, Art. 80, Rn. 27.

❹ *Michael Brenner*, in: Hermann von Mangoldt/Friedrich Klein/Christian Starck, Das Bonner Grundgesetz: Kommentar, Band III: Art. 79–146, 4. Aufl., 2001, Art. 80, Rn. 39.

律授權之控制地位」的重要意義，因為，藉由要求行政機關載明其接獲授權的具體來源，不但能使行政機關自己更充分理解與警覺法律授權的內容、目的及範圍，因而更能避免逾越法律授權；並且，從「法律授權作為控制基準」的角度看來，法規命令中載明法律授權依據，也有助於未來爭議發生時，法院對法規命令違反授權與否的判斷。由此可見，基本法這種「敘明法律授權基礎」的要求，其實再次是立基在「確保民主法治國之實現」的價值考量上。

除了載明授權基礎之外，基本法對於誰有資格接獲法律授權，以及這些被授權機關能否再行授權，也有明確的規範。如上所述，基本法第 80 條第 1 項第一句之規定，明白列舉聯邦政府、聯邦部長或邦政府，作為有權制定法規命令的主體。這項規定蘊含了兩層意義：首先，基本法的「列舉」，意味著只有聯邦或各邦政府以及聯邦部長，得享有承接法律之授權而發布法規命令的權限。換言之，法律的授權不得賦予其他機關。這於是使得「授權」所聯繫的「立法」與「行政」關係究何所指，得以更清楚地被凸顯出來。其次，究竟要在這幾個有權主體之間，選擇何者來制定法規命令，除非基本法有特別規定（例如基本法第 109 條第 4 項即明白將系爭事務之授權對象限定為聯邦政府），否則立法者對此應享有自由裁量的空間。基於該主體之列舉限定，可以推知，儘管基本法在第 80 條第 1 項第四句規定：「如依法律規定,法律授權可以再轉授權,該轉授權須以法規命令之形式為之。」藉此保留且肯認「二度授權」（亦即將法律所授權的任務，再行轉授權給其他機關）的可能性，但這項規定並不意味著：有權承接法律授權而訂定法規命令的主體範圍，可以因此被拓寬❹，否則第 1 項第一句的列舉便失去意義。

針對第 1 項第四句關於「二度授權」或「轉授權」的規定，有兩點值得注意：第一，該「二度授權」或「轉授權」，必須在法律本身許可的條件下，才具有正當性。這再度清楚意味著基本法秩序不允許「授權」變相成

---

❹ *Michael Brenner*, in: Hermann von Mangoldt/Friedrich Klein/Christian Starck, Das Bonner Grundgesetz: Kommentar, Band III: Art. 79–146, 4. Aufl., 2001, Art. 80, Rn. 44.

為立法與行政兩權彼此偷渡混淆的工具，因而嚴格規範轉授權的要件。第二，如果法規命令試圖進行「二度授權」或「轉授權」，則該「授權」必須由法規命令、而非法律來加以規定。換句話說，法律不能代替其所授權之行政機關，自己逕行二度授權，當然也不能藉此直接指定承接二度授權的主體，否則如前所述，基本法第 80 條第 1 項第一句對於命令制定主體的列舉規定將被架空，而承接法律（第一次）授權制定法規命令的行政機關，在某種程度上也將被法律剝奪其進行二度授權時應被賦予的裁量空間。從這些規定可以清楚看出，基本法對於「授權」所蘊含的規範拘束與權力分立意義極為重視，而這也再度凸顯出：不論是法治國或者是議會民主，儘管都支持以立法權作為法秩序核心的基本架構，但這並不意味著法治國與議會民主對於行政自主性的全面否定，而毋寧是要求行政機關在基於法律授權，制定法規命令時，在憲法層次必須同時兼顧「受拘束性」與「自主性」的雙重誡命。

這一點於是連結到另一個當代經常在個別法律規定中出現的形式合法性要件，亦即其他機關或特殊第三人（例如專業人士）在法規命令制定過程中的參與 (Mitwirkung) 或同意 (Zustimmung)。針對法規命令制定過程中，各種不同的參與形式，基本法本身並沒有一個統一的一般性規定，而毋寧至多是在一些特定條件下，要求法規命令的制定，必須納入其他機關的影響要素。例如，基本法第 80 條第 2 項之規定，即明訂需經聯邦參議院 (Bundesrat) 同意的幾種法規命令類型❷。除此之外，究竟特定法規命令之制定，是否必須納入其他機關或特定第三人的參與，則視個別法律的特別要求而定。其中，聯邦議會 (Bundestag) 為了確保對法規命令實質內容的監督，多年來已在法規命令的制定過程中，發展出各種方式與強度不同的參

---

❷ 根據基本法第 80 條第 2 項之規定，除聯邦法律有特別規定者外，由聯邦政府或聯邦部長所頒布之關於聯邦郵電與通訊設施使用的原則及收費、關於使用聯邦鐵路設施的收費原則、關於建築與營運鐵路的法規命令，以及根據需經聯邦參議院同意之聯邦法律，或各邦受聯邦委託、或者當作自身事務予以執行之聯邦法律，而頒布之法規命令，其制定均需取得聯邦參議院的同意。進一步的闡述，可參見 *Hartmut Bauer*, in: Horst Dreier (Hrsg.), Grundgesetz-Kommentar, Band II: Art. 20–82, 2. Aufl., 2006, Art. 80, Rn. 56 ff.

與形式，包括所謂聽證權的保留，同意權的保留，廢止權的保留，乃至於正當性備受爭議之「法規命令修改權的保留」等等❸。相較於前面幾種監督模式，原則上皆不至於引發憲法疑慮，最後一種「修改權的保留」，由於讓國會直接介入法規命令的內容形成（變更），形同創造出所謂「聯邦議會的法規命令制定權」，混淆了立法者與行政機關彼此間的權限分際，導致無法確立立法部門與行政部門各自的責任歸屬，因此被許多學者批評為一種違憲的監督形式❹。至於聯邦議會是否可以另外透過制定法律的方式，來達到修改既有法規命令之內容的目的？這便涉及所謂「修改命令之法律 (verordnungsändernde Gesetze)」的合憲爭議❺。關於這個問題，德國聯邦憲法法院在 2005 年的一個裁定中闡示：一旦聯邦議會制定法律來修改法規命令的內容，其修改法規命令的規定，將只具有法規命令的規範位階，從而必須如法規命令一般，受到原授權母法的規範監督與規範控制❻。不過，針對聯邦憲法法院的這項看法，有學者認為，把立法者為修改法規命令而制定的法律，降格為法規命令，恐怕將付出混淆立法與行政的功能及責任分際，乃至於傷害議會支配原則與國會法律拘束力的代價❼。

就實質功能而言，之所以附加種種這些可被歸類為「參與」之要求的合法性條件，究係本於何等考量？如前所述，根據法治國及議會民主的基礎，行政機關究竟可以從立法者承接多少以及如何之規範制定權限，都必

---

❸ 相關討論，詳見 *Hartmut Bauer*, in: Horst Dreier (Hrsg.), Grundgesetz-Kommentar, Band II: Art. 20–82, 2. Aufl., 2006, Art. 80, Rn. 27 ff.

❹ 相關批評可參見 *Mario Martini*, Normsetzungsdelegation zwischen parlamentarischer Steuerung und legislativer Effizienz—auf dem Weg zu einer dritten Form der Gesetzgebung?, AöR 133 (2008), S. 155 ff., 176.

❺ 相關討論參見 *Christoph Külpmann*, Änderungen von Rechtsverordnungen durch den Gesetzgeber, NJW 55 (2002), S. 3436 ff.; *Arnd Uhle*, Verordnungsänderung durch Gesetz und Gesetzesänderung durch Verordnung?, DÖV 54 (2001), S. 241 ff.; *Mario Martini*, Normsetzungsdelegation zwischen parlamentarischer Steuerung und legislativer Effizienz— auf dem Weg zu einer dritten Form der Gesetzgebung?, AöR 133 (2008), S. 155 ff., 177 ff.

❻ BVerfGE 114, 196 (235 ff.).

❼ 例可參見 *Mario Martini*, Normsetzungsdelegation zwischen parlamentarischer Steuerung und legislativer Effizienz—auf dem Weg zu einer dritten Form der Gesetzgebung?, AöR 133 (2008), S. 155 ff., 179 ff.

須視立法授權的內容而定，而立法授權的內容，也正是判斷法規命令的制定是否合於法律規範框架的指標。所以，單單就此而論，法規命令的合法性，即應完全繫於法律授權；從另一個角度來說，在形式層面，只要符合授權之要求，法規命令在法治國與議會民主基礎上的正當性，就應可獲得完整的確立。不過，隨著行政任務日益龐雜與多樣化，行政權每每被期待發揮其專業、有效率、迅速應變的特質，從而行政機關制定法規命令時的自主性越來越受到重視；相對而言，肩負統整民意趨向、以制定上位法律規範之任務的立法者，究竟是否還有能力針對龐大的公權力事務管轄範疇，預先進行周延的規範，並在這樣的基礎上賦予行政機關合宜的授權，則是越來越受到質疑❹⃝。在這樣的背景之下，對於法規命令的控制與拘束，到底應該寄望於更具體明確的法律授權，還是必須在承認法律必然力有未逮的前提下，轉而仰賴法律授權之外的要素，便成為晚近以來，德國行政法學界所關注的熱門議題。從而，其他機關或第三人在法規命令制定過程中的各種參與或影響方式，也在許多檢視如何彌補法律授權之不足的討論場域中，成為被納入考慮的對象。換言之，這些「參與」要素的添加，其實是反映了當代許多對於法律授權之規範拘束功能的質疑，也因此說明了行政機關的法規命令制定權，徘徊於「受拘束性」與「自主性」之間的兩難。

　　若從更根本的角度而言，這些關於是否及如何納入立法者、其他機關或第三人，對法規命令制定程序各種參與或影響形式的爭議，其實也恰恰與當代德國行政法學界如何認定「法治國」與「議會民主」這兩項憲法基本預設的意涵密切相關。倘若從比較傳統的觀點出發，從議會支配的角度，來理解基本法的民主法治國架構，則法律授權所扮演「任務託付」與「規範控制」的雙重角色，當然是再清楚不過的，而法規命令在民主法治國框架底下的正當性，也自然繫於其合法性，亦即對於法律授權的完整回應。如果單純基於這樣的觀點，所謂「法律授權帶給法規命令的控制與約束不

---

❹⃝　相關討論與反省，可參見 *Mario Martini*, Normsetzungsdelegation zwischen parlamentarischer Steuerung und legislativer Effizienz—auf dem Weg zu einer dritten Form der Gesetzgebung?, AöR 133 (2008), S. 155 ff., 164 f.

足」的疑慮，其實是多餘的，因為，既然法規命令的正當性可以直接透過充分回應法律授權來得到確立，則其正當性是否被滿足，端視法律如何進行授權：寬鬆的授權，意味著法律有意讓行政機關獲得更寬廣的裁量決定空間；相反地，嚴密的授權，則透露立法者在此希望仍然掌握規範主控權的想法。不論是何種情況，只要行政機關的規範制定權，存在於法律所設定的授權框架之內，都不至於讓法規命令陷入正當性不足的危機。因此，對於這種「議會支配」的觀點而言，值得擔心的最多就是行政機關逾越法律的授權範圍，從而所謂「彌補法律授權之不足」，至多指的是設法更進一步強化國會對行政機關法規命令制定權的影響、控制與拘束，而強化的方式，便是如前所述，在程序層面納入國會對法規命令的各種監督機制。反之，與這種立場相對立的看法則認為，所謂議會支配的法秩序架構，其實已經不足以說明法治國與民主的實質內涵。在當代國家任務膨脹的發展趨勢下，國會對於多樣多變的社會生活進行預先調控的能力越來越弱，從而，單純仰賴國會法律的規範控制機制，恐怕已無法因應法治國人權保障的需求，以及民主對各種國家公權力行使所發動全面的正當性訴求。從這樣的觀點看來，光憑遵循法律授權，並不能完整建立法規命令的規範正當性，因為，法律頻頻對行政部門進行授權，往往正是法律無力調控社會生活變遷的具體反映。基於此一認知前提，法規命令於當代民主法治國脈絡中之正當性，不再能單純建立在法律授權的基礎上，而必須更進一步仰賴其他元素的進駐，也就是特定機關或第三人在法規命令制定過程中的各種參與機制的設計。這種強調行政自主性的論點認為，正因為在許多情況下，行政機關必須站在實質立法者的立場，進行規範（法規命令）的制定，所以在此制定過程中，也必須能容納特定機關或第三人的參與權，藉此不僅提升法規命令的民主正當性，也可望更進一步落實人權保障[49]。

[49] 關於「參與」的要素在行政決定過程中的意義，可參見 *Walter Schmitt Glaeser*, Partizipation an Verwaltungsentscheidungen, in: VVDStRL 31 (1973), S. 179 ff.; *Eberhard Schmidt-Aßmann*, Das allgemeine Verwaltungsrecht als Ordnungsidee: Grundlagen und Aufgaben der verwaltungsrechtlichen Systembildung, 2. Aufl., 2006, 104 ff.; *Fritz Ossenbühl*, Gedanken zur demokratischen Legitimation der Verwaltung, in: Hans-Detlef

　　面對此一是否、如何以及在何種程度上納入「參與」要素的爭議，我們在此沒有能力、也還不需要選擇一個終局確定、且放諸四海皆準的答案。不過，必須注意的是，無論是強調行政部門法規命令制定權的「受拘束性」或者「自主性」，都不應該遺忘或誤解「法律授權」的意義所在。如前所述，不論是基於力有未逮，或是積極的任務委託，法律「授權」所代表的，都是將部分特定的規範制定權限，分配給行政機關來行使。據此，單從授權範圍的大小或授權內容的寬嚴，並不能推斷法律管制能力的強弱，也因此無法從中判斷「法律授權」這個規範控制模式所提供的正當化途徑，是否有所不足。我們必須承認，在基本法所構築法治國與議會民主的基礎上，立法者無論如何都仍透過尋求與形塑民意共識、藉以為彼此相衝突的自由或利益尋找平衡，站穩法秩序核心的地位。行政自主性再怎麼強化，也不可能根本性地改變法律對行政決定所扮演的規範控制角色。換句話說，在基本法所建構民主法治國的基礎上，行政部門在法規命令制定過程中享有的自主性，並不被允許因廣泛、頻繁的授權，而變成行政侵奪立法權的工具，而毋寧最多只是揭示出：行政機關必然從立法者手中，承接越來越多需要靠「行政立法權」的發動來完成的國家任務。就此而論，「授權」本身充其量是一種法律駕馭及控制法規命令的方式，而不能被視為法律喪失調控能力的徵兆❺⓿。從而，究竟是否與如何容納「參與」，關鍵恐怕不在於「彌

Horn (Hrsg.), Recht im Pluralismus. Festschrift für Walter Schmitt Glaeser zum 70. Geburtstag, 2003, S. 103 ff., 111–118; *Martin Eifert*, Regulierungsstrategien, in: Wolfgang Hoffmann-Riem/Eberhard Schmidt-Aßmann/Andreas Voßkuhle (Hrsg.), Grundlagen des Verwaltungsrechts, Band I: Methoden-Maßstäbe-Aufgaben-Organisationen, 2006, § 19, Rn. 35 ff.; *Helge Rossen-Stadtfeld*, Beteiligung, Partizipation und Öffentlichkeit, in: Wolfgang Hoffmann-Riem/Eberhard Schmidt-Aßmann/Andreas Voßkuhle (Hrsg.), Grundlagen des Verwaltungsrechts, Band II: Informationsordnung, Verwaltungsverfahren, Handlungsformen, 2008, § 29.

❺⓿ 從另一個角度看來，這種認為法律已漸漸失去對社會生活事實之調控能力的看法，往往預設了「法律必須將社會生活完全、完整地納入管轄範圍」這樣的基本觀點。然而，這種觀點卻忽略了：單就法的本質而言，法律本來就不可能、也沒有必要對所有生活事實進行密不透風、面面俱到的管制與監控。關於這一點可參見 *Oliver Lepsius*, Steuerungsdiskussion, Systemtheorie und Parlamentarismuskritik, 1999, S. 19; *Oliver Lepsius*, Besitz und Sachherrschaft im öffentlichen Recht, 2002, S. 409 ff.; *Franz Reimer*, Das Parlamentsgesetz als

補」法律授權的「不足」，而毋寧更必須考量「參與」這個要素，應如何與現有之立法與行政二者間權力分立、任務分工的結構彼此相容，亦即如何不破壞原有以立法權為民主法治國核心的秩序框架❺❶。

關諸法規命令形式合法性要件的最後一項主要規定，當屬對於「發布 (Verkündigung)」的要求。如同所有法規範一般，法規命令的制定到最後需經由「發布」來確認其合法生效。歸根究底，這項形式規定乃是基於公示性的要求，亦即保障法安定性的考量而來，從而再度展現落實法治國理念的根本性意義。

㈡法規命令的實質合法性要件

一如形式合法性要件，法規命令的實質合法性要件，同樣是站在法律授權的基礎上開展而來。首先，法律授權既然意在提供法規命令一個具體而可資遵循的規範框架，顯見行政機關對其所制定法規命令內容的裁量，當然不能逾越法律授權的規範框架所容許的空間❺❷。更具體而言，法規命令的實質內容，不能逾越法律授權規定當中所限定的內容、目的及範圍，否則該法規命令將因脫離法律的規範控制而違法無效。除了法律授權對法規命令實質內容的拘束之外，另一個在基本法秩序底下不證自明的實質合

Steuerungsmittel und Kontrollmaßstab, in: Wolfgang Hoffmann-Riem/Eberhard Schmidt-Aßmann/Andreas Voßkuhle (Hrsg.), Grundlagen des Verwaltungsrechts, Band I: Methoden—Maßstäbe—Aufgaben—Organisation, 2006, § 9, Rn. 85. 關於這一點在法學方法論上的進一步討論，可參見 *Shu-Perng Hwang*, Die Bindung des Richters an Gesetz und Recht: Richterliche Entscheidung nach dem richtigen Recht oder der Rahmenordnung des Rechts?, Rechtstheorie 38 (2007), S. 451 ff., 471 f.

❺❶ 相關討論亦可參見 *Helge Rossen-Stadtfeld*, Beteiligung, Partizipation und Öffentlichkeit, in: Wolfgang Hoffmann-Riem/Eberhard Schmidt-Aßmann/Andreas Voßkuhle (Hrsg.), Grundlagen des Verwaltungsrechts, Band II: Informationsordnung, Verwaltungsverfahren, Handlungsformen, 2008, § 29, 65 ff., 71.

❺❷ 就此而論，倘若立法者在授權法律中，明白賦予行政機關在一定條件之下，透過法規命令來修改法律內容的權限，根據學說一般見解，由於此等法律內容之變更，已直接在法律中明文規定，可說是立法者意志的展現，因此，在這種條件之下所制定、具有變更法律內容效果的法規命令，在法律授權的規範基準上，仍是被允許的。對此參見 *Hartmut Bauer*, in: Horst Dreier (Hrsg.), Grundgesetz-Kommentar, Band II: Art. 20–82, 2. Aufl., 2006, Art. 80, Rn. 19.

法性要件，來自較諸法規命令更高位階的法規範、特別是憲法基本權，對各個國家公權力的直接拘束（德國基本法第 1 條第 3 項規定參照）。由於如前所述，基本法旨在透過基本權全面而直接的拘束力，追求一個真正的民主法治國，因此，作為公權力一環的行政權，當然也必須在權力行使過程中，積極致力於基本權的保護及實現。據此，法規命令的實質內容，不僅不能逾越授權母法所容許的界限，更不能與憲法規範、尤其是基本權相抵觸。不過，這種要求法規命令必須兼顧法律與憲法的規範模式，也連帶延伸出一個問題：既然基本法強調基本權對於行政權的直接拘束，那麼行政機關所制定法規命令的內容，是否具有在一定程度上，為了追求基本權的實現，而得以「擺脫」或「超越」法律授權範圍的空間？這便涉及行政機關的「命令裁量」權限，在法律與憲法（基本權）的雙重約束之下，如何認定與審查的課題，同時也涉及在當代法律授權日益寬鬆的發展趨勢下，法律與行政之間關係的變化 ❸。

三、行政 vs. 司法：法規命令的司法審查

㈠行政機關制定法規命令的裁量權

　　一旦發生法規命令在形式或實質上違法的爭議，其違法與否的認定就必須委由行政法院進行法規命令的合法性審查。如前所述，法規命令的合法性基礎既然是建立在法律的授權之上，則其合法性審查的重點首先自然也落在於是否符合法律授權。更具體而言，法律對法規命令之制定內容、目的與範圍的授權，在爭議發生時，將成為司法審查最主要的判斷依據。另一方面，從之前的討論中可以發現，既然「授權」的意義主要就在於立法者將某部分的法制定權限賦予行政部門，因此可想而知，行政機關在承

---

❸ 相關討論詳見 *Hans-Detlef Horn*, Die grundrechtsunmittelbare Verwaltung. Zur Dogmatik des Verhältnisses zwischen Gesetz, Verwaltung und Individuum unter dem Grundgesetz, 1999, S. 93 ff.

接此「授權」的同時，當然也有資格、甚且必須承接一定程度的形成自由。因此我們可以說，在法院進行合法性審查的過程中，行政法院所處理的問題焦點，就在於根據法律所提供授權規範之基礎，判斷行政機關制定法規命令時的形成自由究竟有多大。在學理上，這種類型的「形成自由」，可被簡稱為所謂「命令裁量（Verordnungsermessen，或稱『命令制定者的形成自由 (verordnungsgeberische Gestaltungsfreiheit)』）」❺④。若從法規命令制定權限本質的認知角度出發，這種行政部門制定法規命令時的「命令裁量」，一方面因為行政機關於此所享有一定程度的「法制定」空間，而帶有部分可類比於立法裁量 (gesetzgeberisches Ermessen)❺⑤的特點，但另一方面，又因為法規命令之制定，畢竟還是一種受法律支配與拘束的「法適用」行為，而必然具備某些與行政機關作成行政處分時所得享有之行政裁量 (Verwaltungsermessen)❺⑥相類似的性質❺⑦。因此可以說，行政機關因制定法規命令而享有的裁量權範圍，再度必須透過行政的「受拘束性」與「自主性」兩種並存特質之間的平衡，來加以確定。

由於當代行政任務越來越繁雜與多樣化，想要通盤且一般性地劃定行

---

❺④ 相關討論可參見 *Thomas von Danwitz*, Die Gestaltungsfreiheit des Verordnungsgebers: Zur Kontrolldichte verordnungsgeberischer Entscheidungen, 1989, S. 161 ff., 177 ff.; *Matthias Herdegen*, Gestaltungsspielräume bei administrativer Normgebung—Ein Beitrag zu rechtsformabhängigen Standards für die gerichtliche Kontrolle von Verwaltungshandeln, AöR 114 (1989), S. 607 ff., 609 ff.; *Helmuth Schulze-Fielitz*, Neue Kriterien für die verwaltungsgerichtliche Kontrolldichte bei der Anwendung unbestimmter Rechtsbegriffe, JZ 48 (1993), S. 772 ff., 780 f. 許宗力教授則將此概念更精確地譯為「訂定命令的裁量」。參見許宗力，〈訂定命令的裁量與司法審查〉，《憲法與法治國行政》，頁 179–219（1999 年）。

❺⑤ 德國關於立法裁量的完整討論為數眾多。例可詳見 *Klaus Meßerschmidt*, Gesetzgebungsermessen, 2000.

❺⑥ 關於德國法上行政裁量概念之分析，詳見 *Dietrich Jesch*, Unbestimmter Rechtsbegriff und Ermessen in rechtstheoretischer und verfassungsrechtlicher Sicht, AöR 82 (1957), S. 163 ff.; *Otto Bachof*, Beurteilungsspielraum, Ermessen und unbestimmter Rechtsbegriff im Verwaltungsrecht, JZ 10 (1955), S. 97 ff.; *Hans Heinrich Rupp*, Ermessensspielraum und Rechtsstaatlichkeit, NJW 22 (1969), S. 1273 ff.; 較新近的介紹可參見 *Friedrich Schoch*, Das verwaltungsbehördliche Ermessen, Jura 26 (2004), S. 462 ff.

❺⑦ 國內對行政裁量概念與相關問題的詳盡介紹，可參見翁岳生，〈論「不確定法律概念」與行政裁量之關係〉，《行政法與現代法治國家》，頁 37 以下（1979 年三版）。

政機關「命令裁量」的具體範圍，不僅不可能，也不免違反「命令裁量」必須不斷隨著不同之行政任務屬性，而調整其「受拘束」或「自主」之程度的特質。儘管如此，從基本法秩序所給定的中心思想與體系結構，我們仍可初步歸納出以下幾點足以影響行政機關命令裁量空間範疇的參數。首先，在以「授權」作為軸心的規範體系中，行政機關命令裁量空間的廣狹，主要當然必須視法律授權規定本身開放給行政機關自主決定的空間，究竟有多大而定❺❽。換言之，倘若法律授權對於法規命令之內容、目的與範圍，給予越具體明確的條件設定或指示，命令裁量的空間一般而言可能就越狹窄。相對地，如果法律的授權在尚符合授權明確性要求的前提下，對於法規命令應如何訂定，並未預先針對相關條件或內容，給予規範性的指引，或者甚至在授權規定中，包含了對不確定法律概念的使用，導致行政機關不僅有權、甚且有必要對這些不確定法律概念進行具體化，那麼行政機關訂定法規命令時所得享有的裁量權限，往往也就越寬廣。總而言之，以授權母法之規定本身，來界定命令裁量的範圍，無疑再次印證與確立法律對法規命令的支配及拘束。據此，行政機關制定法規命令的裁量自由，顯然必須繫於立法者在系爭事務領域，究竟意圖讓行政機關參與或主導多少政策決定。一般而言，越是涉及且需仰賴行政專業的管制事項，法律對行政機關制定法規命令的授權，往往就越必須趨近於所謂目的程式的規定型態❺❾，因為，此時立法者將越容易受限於對管制領域相關知識的陌生，而

---

❺❽ 亦可參見 *Helmuth Schulze-Fielitz*, Neue Kriterien für die verwaltungsgerichtliche Kontrolldichte bei der Anwendung unbestimmter Rechtsbegriffe, JZ 48 (1993), S. 772 ff., 781.

❺❾ 關於所謂「目的 (finale) 程式」與「條件 (konditionale) 程式」的區分，主要可溯及學者 Niklas Luhmann 的討論。詳見 *Niklas Luhmann*, Recht und Automation in der öffentlichen Verwaltung: eine verwaltungswissenschaftliche Untersuchung, 2. Aufl., 1997, S. 35 ff.; *Niklas Luhmann*, Zweckbegriff und Systemrationalität. Über die Funktion von Zwecken in sozialen Systemen, 1968, S. 68 f.; 另參見 *Fritz Ossenbühl*, Gedanken zur Kontrolldichte in der verwaltungsgerichtlichen Rechtsprechung, in: Bernd Bender/Rüdiger Breuer/Fritz Ossenbühl/Horst Sendler (Hrsg.), Rechtsstaat zwischen Sozialgestaltung und Rechtsschutz Festschrift für Konrad Redeker zum 70. Geburtstag, 1993, S. 55 ff., 60 f. 粗略而言，目的性程式法律規範的主要特徵，在於它欠缺十足具體明確的構成要件及法律效果，只規定所欲追求

不得不讓行政專業官僚，介入細部政策內容的填補與形塑。此外，倘若遭遇需要在不完整的資訊或知識背景下進行決策的情形，尤其在高科技產業、例如基因科技、電信科技與環境科技等管制領域，由於法律預先提供規範調控機制的密度，勢必因為管制事務的高度專業性、高度變化可能性、低度可預測性，甚至於高風險性而降低，因此對行政自主性的需求也必然相對提高❻。在這種情況下，命令裁量的空間基於法律授權而被拓寬，不僅不難想見，甚至往往是必須的。

更進一步而言，前面曾經提過，在基本法秩序底下，民主法治國所意味的，不僅止於立法者作為法秩序核心之地位的鞏固，而更具有確立基本權直接拘束力的意義。這樣的預設，於是進一步影響吾人對於命令裁量空間的理解。換言之，行政機關制定法規命令所享有的裁量空間，不僅繫於授權母法的規範指引，還必須視憲法基本權是否及如何受到系爭法規命令的影響而定。簡單地說，倘若行政機關所制定的法規命令，對基本權的影響越大，或對於基本權的實現越重要，此時行政機關的命令裁量空間就越狹隘❻；反之，與基本權之實現較無關的法規命令，一般而言就有給予行政機關較大之命令裁量權限的空間。不過，值得注意的是，若從這個角度看來，基本權對行政機關法規命令制定權的直接拘束，一方面固然使得行

之規範目的，從而給與法適用機關相對寬廣的創造性具體化空間。關於國家任務的未來導向對於目的性程式法律規範發展的影響，可進一步參見 *Ivo Appel*, Staatliche Zukunfts- und Entwicklungsvorsorge, 2005, S. 157 ff.

❻ 關於新興管制領域的這個發展趨勢，在德國已有相當多的討論。例可參見 *Ivo Appel*, Methodik des Umgangs mit Ungewissheit, in: Eberhard Schmidt-Aßmann/Wolfgang Hoffmann-Riem (Hrsg.), Methoden der Verwaltungsrechtswissenschaft, 2004, S. 327 ff., 343 ff., 351 ff.; *Udo Di Fabio*, Risikoentscheidungen im Rechtsstaat, 1994, S. 460 ff.; *Fritz Ossenbühl*, Die Bewertung technischer Risiken bei der Rechtsetzung, DÖV 35 (1982), S. 833 ff.; *Wolfgang Hoffmann-Riem*, Reform des allgemeinen Verwaltungsrechts als Aufgabe—Ansätze am Beispiel des Umweltschutzes, AöR 115 (1990), S. 400 ff., 416 ff.; *Arno Scherzberg*, Wissen, Nichtwissen und Ungewissheit im Recht, in: Christoph Engel/Jost Halfmann/Martin Schulte (Hrsg.), Wissen—Nichtwissen—Unsicheres Wissen, 2002, S. 114 ff., 128 ff.

❻ 亦可參見 *Helmuth Schulze-Fielitz*, Neue Kriterien für die verwaltungsgerichtliche Kontrolldichte bei der Anwendung unbestimmter Rechtsbegriffe, JZ 48 (1993), S. 772 ff., 780.

政機關命令裁量的自由形成空間受到限制，但另一方面，卻不見得意味著行政自主性在基本權功能開展下的進一步喪失。相反地，正因為法規命令必須致力於基本權的完整實現，所以行政機關在制定法規命令的過程中，有時反而必須發揮更大的自主性，以能在不抵觸法律規定、不違反法律授權的前提下，超越立法者預先想像的規範架構，追求基本權的保護。這一點在戰後基本權的客觀功能被不斷發展與擴張的趨勢底下，尤其得到充分的體現與發揮，因為，一旦基本權不只是一種主觀權利，而是已然進一步構成一套客觀價值秩序❻，本身即足以形塑國家保護義務，於私人之間形成所謂「第三人效力」，對整體法秩序產生所謂「放射效力」，乃至於衍生出種種得以對國家公權力發動之組織、程序面的基本權保障要求，則此時的行政權，可想而知地便有越來越多的空間，跳脫既有法律的束縛，直接致力於基本權的實現❻。因此可以說，基本權一方面對命令裁量構成更進

---

❻ 早在著名的 Lüth 判決當中，聯邦憲法法院即已明確指出：德國聯邦基本法無意成為一個價值中立 (wertneutral) 的秩序；相反地，其所構築的基本權體系，在發揮傳統的主觀防禦權功能的同時，也建立起一套客觀價值秩序 (objektive Wertordnung)，而得以（根據基本法第 1 條第 3 項之規定）直接形成對各種國家公權力的拘束。詳見 BVerfGE 7, 198 (204 f.).

❻ 關於基本權客觀功能之開展，對於行政自主性的發展，暨立法與行政兩權之間關係的影響，詳見 *Michael Dolderer*, Objektive Grundrechtsgehalte, 2000, S. 276; *Eckhard Pache*, Tatbestandliche Abwägung und Beurteilungsspielraum: Zur Einheitlichkeit administrativer Entscheidungsfreiräume und zu deren Konsequenzen im verwaltungsgerichtlichen Verfahren—Versuch einer Modernisierung, 2001, S. 469 ff.; *Michael Stolleis*, Entwicklungsstufen der Verwaltungsrechtswissenschaft, in: Wolfgang Hoffmann-Riem/ Eberhard Schmidt-Aßmann/Andreas Voßkuhle (Hrsg.), Grundlagen des Verwaltungsrechts, Band I: Methoden-Maßstäbe-Aufgaben-Organisationen, 2006, § 2, Rn. 110; *Michael Stolleis*, Verwaltungsrechtswissenschaft in der Bundesrepublik Deutschland, in: Dieter Simon (Hrsg.), Rechtswissenschaft in der Bonner Republik, 1994, S. 227 ff., 243 ff.; *Rainer Wahl*, Herausforderungen und Antworten: Das Öffentliche Recht der letzten fünf Jahrzehnte, 2006, S. 33 ff. 關於基本權客觀面向的一般性討論並可參見 *Ernst-Wolfgang Böckenförde*, Grundrechte als Grundsatznormen. Zur gegenwärtigen Lage der Grundrechtsdogmatik, Der Staat 29 (1990), S. 1 ff.; *Hans Dieter Jarass*, Grundrechte als Wertentscheidungen bzw. objektivrechtliche Prinzipien in der Rechtsprechung des Bundesverfassungsgerichts, AöR 110 (1985), S. 363 ff.; *Hans Dieter Jarass*, Die Grundrechte: Abwehrrechte und objektive Grundsatznormen. Objektive Grundrechtsgehalte, insbes. Schutzpflichten und privatrechtsgestaltende Wirkung, in: Peter

一步的範圍控制，但另一方面卻也足以在一定程度上，造成立法與行政關係的改變，讓行政自主性的地位與必要性，在原本「法律拘束」的基礎上，透過「法秩序憲法化」❻❹的發展趨勢，得到進一步的確認及強化。若從這個角度看來，我們可以說，基於戰後基本法對基本權拘束力的強調，以及聯邦憲法法院對基本權功能的全方位開展，民主法治國的著眼點，在相當程度上也從原本的「議會支配」，越來越轉移到「基本權支配」❻❺。在這樣的趨勢之下，行政機關對法規命令內容的形塑，往往反而能夠在「實現基本權」的優先任務驅使之下，享有不受立法者預先設立之規範標準所支配的自主空間。

㈡法規命令的司法審查

根據德國基本法第 19 條第 4 項之規定，為了讓法治國人權保障的理念，得到完整的落實，權利救濟途徑必須徹底開放；從而，各種形式的行政決定，都可以成為司法審查的標的，法規命令當然也不例外。在一定程度上，正因為基本法有這項程序性的保護規定，所以，法院對於行政機關的權力行使，往往在所謂「法外行政」普遍遭受拒斥的前提下，被認為享有不證自明的司法審查權限。這樣的情況，一方面固然使得行政機關制定

Badura/Horst Dreier (Hrsg.), Festschrift 50 Jahre Bundesverfassungsgericht, Band II, 2001, S. 35 ff.; *Robert Alexy*, Grundrechte als subjektive Rechte und als objektive Normen, Der Staat 29 (1990), S. 49 ff.; *Rainer Wahl*, Die objektiv-rechtliche Dimension der Grundrechte im internationalen Vergleich, in: Detlef Merten/Hans-Jürgen Papier, Handbuch der Grundrechte in Deutschland und Europa, Band I: Entwicklung und grundlagen, 2004, § 19; *Martin Gellermann*, Grundrechte in einfachgesetzlichem Gewande: Untersuchung zur normativen Ausgestaltung der Freiheitsrechte, 2000, S. 36 ff.

❻❹ 該用語參見 *Gunnar Folke Schuppert/Christian Bumke* (Hrsg.), Die Konstitutionalisierung der Rechtsordnung. Überlegungen zum Verhältnis von verfassungsrechtlicher Ausstrahlungswirkung und Eigenständigkeit des einfachen Rechts, 2000.

❻❺ 關於這個趨勢可參見 *Hans-Detlef Horn*, Die grundrechtsunmittelbare Verwaltung. Zur Dogmatik des Verhältnisses zwischen Gesetz, Verwaltung und Individuum unter dem Grundgesetz, 1999, S. 93 ff., 269 ff.; *Eberhard Schmidt-Assmann*, Das allgemeine Verwaltungsrecht als Ordnungsidee: Grundlagen und Aufgaben der verwaltungsrechtlichen Systembildung, 2. Aufl., 2006, S. 49 f.

法規命令時的自由形成空間，多少受到法院合法性審查的壓縮；但另一方面，在當代越來越講求行政自主性的發展趨勢底下，行政機關的命令裁量，事實上並不至於被認為必須無條件地服從司法權的規範控制。相反地，根據一般的理解，既然基本法所建構的權力分立秩序本身，即已蘊含「行政」基於其權力性質，而應享有之獨立性與自主空間，則第 19 條第 4 項之規定，當然不可能、也不被允許排擠此等自主地位。據此，問題重點仍須回到命令裁量的範疇界定上，亦即必須著眼探討：法院對法規命令合法性之審查，究竟應該在多大程度上放任行政機關自主決定，又該於何時予以較為嚴格的對待？

在法規命令的制定上，行政受拘束性與自主性二者之間如何取得平衡，足以直接影響法院對法規命令的審查密度。換句話說，命令裁量的範圍大小，將決定法院合法性審查的強度，亦即其得以介入行政決定之實質內涵的程度。一旦系爭事務歸屬於行政機關的命令裁量權限，便意味著行政機關於此享有法律授權框架底下所保障之獨立、不受拘束的形成自由，從而，法院不得對系爭法規命令進行合法性審查，因為如此一來，法院將形同以合法性審查之名，行取代行政機關命令裁量權限之實。問題在於：法院究竟應該根據哪些準則，來具體判斷系爭個案中命令裁量的範圍，以決定其合法性審查的強度呢？根據之前的討論可以得知，由於行政機關命令裁量權限的範疇，主要必須由法律的授權規定本身，以及基本權功能的射程範圍來確立，因此法院自然必須站在授權母法及基本權所標定的審查基準上，選擇系爭個案的審查密度❻。據此，倘若在系爭個案中，行政機關的命令裁量權限受到授權母法構成要件較明確而嚴格的控制，或者須服從其所衝擊之基本權的拘束，則法院介入審查的空間就越大。反之，如果行政機關對系爭法規命令的制定，在授權母法所給定的規範框架底下，享有較高程度的自主性，又較與基本權的實現無涉，司法審查便相對較無置喙之餘地。

在基本法的權力分立結構之下，由於行政與司法部門同屬於法適用機

---

❻ 例可參見 *Fritz Ossenbühl*, Vorrang und Vorbehalt des Gesetzes, in: Josef Isensee/Paul Kirchhof (Hrsg.), HStR III, 2. Aufl., 1996, § 62, Rn. 79.

關，法院面對行政決定，並不像面對國會法律一般，必須受限於「法官受法律拘束」的誡命，從而必須連帶思索「當法官確信法律有違憲疑慮時應如何處理」的問題 ❻ 。因此，不論在制度、學理或實務上，都普遍肯認一般法院對於法規命令，享有（附隨於個案的）違法與違憲審查權。更具體而言，在法規命令的地位無法與法律相提並論的認知基礎上，各級行政法院與法官，基本上都被認為有權針對法規命令進行合法性審查，並且在確信系爭法規命令抵觸法律授權之規範框架，或甚至更進一步抵觸憲法、特別是基本權規定的時候，逕自在系爭個案中，宣告該法規命令違法或違憲，並在個案中將之宣告無效，拒絕其適用 ❻ 。也就是說，在人民向行政法院提起行政處分撤銷訴訟的情形，針對該行政處分所依據的法規命令，倘認為其有違法、違憲之虞，行政法院即必須在訴訟程序中，附帶審查系爭法規命令的合法性。如經審查結果，認為法規命令確係違法，甚至違憲，各級行政法院此等違法或違憲宣告的權力與效果，僅及於其所負責審理的個案 ❻ 。另一方面，在特定條件之下，高等行政法院或者基於為當事人提供權利保護與權利救濟的制度訴求，或者基於單純維護客觀法秩序的目的 ❼ ，也享有直接針對邦政府所制定的法規命令，進行規範審查

---

❻ 因此，根據基本法的規定，當一般法院的法官認定系爭法律有違憲疑慮的時候，並不能直接宣告該法律違憲而拒絕適用，而必須根據基本法第 100 條第 1 項之規定，暫時停止訴訟程序，就此法律違憲之疑義，向聯邦憲法法院提出所謂「具體規範審查 (konkrete Normenkontrolle)」之聲請。對此詳見 *Klaus Schlaich/Stefan Korioth*, Das Bundesverfassungsgericht—Stellung, Verfahren, Entscheidungen, 6. Aufl., 2004, Rn. 134 ff. 相對地，當一般（行政）法院法官認定系爭法規命令違憲的時候，則不能適用基本法第 100 條第 1 項之規定（參見 *Klaus Schlaich/ Stefan Korioth*, Das Bundesverfassungsgericht—Stellung, Verfahren, Entscheidungen, 6. Aufl., 2004, Rn. 141; 另可參見 BVerfGE 114, 196 (239 f.)），而必須在其所審理的個案中，宣告其違憲、無效，並拒絕其適用。因為，在德國規範控制體系當中，法規命令合憲性與合法性的把關，原則上是一般法院，而非憲法法院的任務與權限範疇。

❻ 違法之法規命令，原則上將導致無效 (nichtig) 之法律效果，並因此而喪失其規範拘束力。對此參見 *Hartmut Maurer*, Allgemeines Verwaltungsrecht, 17. Aufl., 2009, S. 355.

❻ 參見 *Hartmut Maurer*, Allgemeines Verwaltungsrecht, 17. Aufl., 2009, S. 355 f.

❼ 關於高等行政法院的規範審查權限所扮演「主觀權利保護」與「客觀法秩序維護」的角色功能，可參見 *Hartmut Maurer*, Allgemeines Verwaltungsrecht, 17. Aufl., 2009, S. 356; *Wolf-Rüdiger Schenke*, Verwaltungsprozeßrecht, 8. Aufl., 2002, Rn. 873 ff.

(Normenkontrolle)❼，並且在認定系爭法規命令違法時，將其一般性地宣告無效的權限❼。當然，在德國清楚區分憲法審判權與一般審判權的司法審查體制之下，關於聯邦或各邦層級之法規命令違憲與否的爭議，根據德國基本法第 93 條第 1 項第 2 款之規定，也都可以成為聯邦憲法法院進行規範審查的對象❼。最後，在憲法訴願 (Verfassungsbeschwerde) 的情形，倘若人民用盡所有權利救濟途徑，認為法規命令直接侵犯其憲法上所被保障的權利，或者在用盡所有權利救濟途徑之後，認為行政法院的終局裁判，侵犯其憲法上所被保障的權利，其中並牽涉法規命令之合憲性爭議者，聯邦憲法法院在憲法訴願相關法定要件均滿足的條件之下，也享有對法規命令的違憲審查權❼。

---

❼ 德國行政法院法 (VwGO) 第 47 條規定參照。關於高等行政法院進行此等規範審查相關條件的闡述，詳見 Ferdinand Otto Kopp/Wolf-Rüdiger Schenke, Verwaltungsgerichtsordnung-Kommentar, 15. Aufl., 2007, § 47, Rn. 1 ff.; Wolf-Rüdiger Schenke, Verwaltungsprozeßrecht, 8. Aufl., 2002, Rn. 874 ff.

❼ 參見 Hartmut Maurer, Allgemeines Verwaltungsrecht, 17. Aufl., 2009, S. 356. 由於如前所述，在德國區分憲法審判權與一般審判權的體制之下，一般性的違憲宣告權力，係專屬於聯邦憲法法院，因此，高等行政法院這裡的規範審查權，根據基本法第 93 條第 1 項第 2 款，以及德國行政法院法第 40 條與第 47 條之規定，應不及於對系爭法規命令進行違憲審查與違憲宣告的權力。對此參見 Ferdinand Otto Kopp/Wolf-Rüdiger Schenke, Verwaltungsgerichtsordnung-Kommentar, 15. Aufl., 2007, § 40, Rn. 32 f.

❼ 參見 Klaus Schlaich/Stefan Korioth, Das Bundesverfassungsgericht—Stellung, Verfahren, Entscheidungen, 6. Aufl., 2004, Rn. 128 f. 必須注意的是：也正是基於憲法審判權與一般審判權的區分，所以聯邦憲法法院對於法規命令的規範審查，原則上也應該只限於違憲審查，而不包含違法審查。至於聯邦憲法法院是否會利用進行違憲審查的機會，將其權限實質擴展至原本屬於一般行政法院所管轄的合法性審查的範疇，則是另外一個問題。聯邦憲法法院曾闡明：法規命令是否具有法律授權基礎的合法性判斷，乃是在進行法規命令的違憲審查之前，必須先行回答的問題，從而亦屬聯邦憲法法院的權限 (BVerfGE 101, 1 (30 f.))。此一見解僅供參考。

❼ 參見 Hartmut Maurer, Allgemeines Verwaltungsrecht, 17. Aufl., 2009, S. 358; Klaus Schlaich/Stefan Korioth, Das Bundesverfassungsgericht—Stellung, Verfahren, Entscheidungen, 6. Aufl., 2004, Rn. 213.

第 4 節 獨立於法規命令規範框架的行政規則

　　至此，我們已經站在德國聯邦基本法所預設之法治國與議會民主的基礎上，將行政機關的法規命令制定權在憲政架構中所扮演的角色，作了系統性的分析。如前所述，法規命令由於在性質上如同國會法律一般，是一種具抽象性、一般性，並且對外發生法律效果的法規範，因此被認為是典型「行政立法」的展現。也正因為法規命令一方面具有這種在相當程度上類似法律的特質，但另一方面，卻是由須受國會意志拘束的行政機關所發布，所以對德國法秩序傳統而言，法規命令的整體規範架構，自然必須從法律中心與法律拘束出發，從而，以「法律授權」作為法規命令體系的核心概念與規範控制基礎，也就變得順理成章。在這樣的制度基礎上，法規命令的合法性條件與合法性審查，除了憲法所提供的規範性標準之外，最重要的當然必須繫於授權母法的規範意旨。正因如此，所以即使發展至今，在法律的調控密度於若干領域已逐漸放鬆的趨勢之下，由法律授權所構築對於法規命令的控制機制，仍然沒有根本性的改變。相形之下，同樣由行政機關所制定的「行政規則 (Verwaltungsvorschriften)」，儘管也具備抽象性、一般性的特徵，但由於並不直接對外發生法律效果，在傳統上較被歸類為屬於行政內部的權限與行為態樣，因此不論其規範性質、規範定位或規範控制的界定方式，都必須獨立於法規命令來加以觀察與分析。

一、脫離「法律授權」基礎的行政規則所引發的規範屬性爭議

　　具體地說，行政規則由於不直接對外發生法律效果，從而並不是典型「行政立法權」的展現，因此其規範體系的建立，並不如法規命令一般，

必須以法律授權為條件與主軸。如前所述，法規命令之制定，基本上是行政機關承接國會立法任務的結果，所以理所當然必須受到法律，特別是授權母法的規範。相對地，行政規則之制定，則是行政機關根據其指令權，為了履行其行政任務而來，從而是立基於其內部組織或功能上的需求，是上級行政機關對其下級行政機關，或長官對屬官，所進行之組織與行為模式的準則性、統一性規定。由此可見，行政規則在憲法上的正當性，首先便建立在行政權本身於憲法上所享有的正當性之上。正因為憲法積極肯認行政權的正當性與獨立性，所以，行政機關當然有權基於其權限行使暨任務履行之需要，制定對其內部發生規範效果及拘束力的行政規則。由此看來，行政規則不僅獨立於以法律授權為中心的規範要求，也獨立於整個法律保留的規制架構。根據前述「重要性理論」所鋪陳的脈絡，行政權的自主性在「非屬重要」之事務領域，即可獲得更高度的發揮。從而，只要是不屬於重要性理論保留給立法者決定的事務範疇，都足以造就行政規則進場的空間。

　　從德國行政法傳統的角度來說，這種對行政內部發生規範效果與拘束力的行政規則，不折不扣地反映出所謂「內部法」與「外部法」的區分：在這個古典的區分之下，歸屬於行政部門的「內部」領域，在過去甚至被認為是行政得以不受法律干預的範疇[75]。儘管時至今日，不再有所謂「法外行政」存在的空間，但區分「內部法」與「外部法」的思想，在德國行政法上仍然有著根本的影響力[76]。從而，行政規則因係針對行政內部領域

---

[75] 傳統德國行政法釋義學所謂的「特別權力關係」，便是在這種區分「內部法」與「外部法」的背景之下，擁有存在的空間。參見 *Anna Leisner*, Verwaltungsgesetzgebung durch Erlasse, JZ 57 (2002), S. 219 ff., 221 f.

[76] 參見 *Fritz Ossenbühl*, Autonome Rechtsetzung der Verwaltung, in: Josef Isensee/Paul Kirchhof (Hrsg.), HStR III, 2. Aufl., 1996, § 65, Rn. 5. 關於此區分在當代背景下相對化的趨勢，參見 *Klaus Lange*, Innenrecht und Außenrecht, in: Wolfgang Hoffmann-Riem/Eberhard Schmidt-Aßmann/Gunnar Folke Schuppert (Hrsg.), Reform des allgemeinen Verwaltungsrechts: Grundfragen, 1993, S. 307 ff. 學者 Gunnar Folke Schuppert 則根據對歷史發展的觀察，將行政規則在法學上的規範屬性，區分成三個發展階段：最初，行政規則不被承認具有法 (Recht) 的屬性；在這個觀點漸漸被打破之後，取而代之的就是將行政規則放在「內部法」與「外部法」的對立之下，賦予其「內部法」之定位；發展至今，此一「內部法」與「外

所制定，因此在功能本質上，無疑體現了「內部法」相對於「外部法」的特性，亦即一方面，因其效力及拘束力，原則上只及於行政內部本身，而不再被認為必須事事仰賴法律授權，也不像法規命令一般，必須緊扣授權法律的拘束❼；另一方面，卻也正因為如此，使得行政規則究竟是否可以歸屬於行政法體系中「法源 (Rechtsquelle)」的一環，被承認具有典型（對外發生法律效果之）法規 (Rechtssatz) 的性質❼，在傳統上引發諸多爭議。畢竟，既然行政規則的正當性是來自於行政權本身的正當性，而非國會法律所提供之規範基礎，則其基於「毋須法律授權」而享有的高度自主性，自然必須以「不對外發生效力與拘束力，也因此不能構成行政機關干預人民權利之規範基礎」，作為其配套條件。

　　從傳統上區分「內部法」與「外部法」的角度看來，行政規則由於是一種「內部法」，原則上並不直接發生對外效力，通常也與人民沒有直接關連，因此並不符合一般對於「法規範」特徵的典型理解。就此而論，行政規則是否構成「法源」，也有疑問，因為它既然只對行政內部發生效力，自然不應該一般性地供作「法」的基礎❼。不過，這種否認行政規則可以作為「法規範」或「法源」的看法，隨著行政自主性與複雜性的不斷高漲，在當代已漸漸失去其主流地位。因為，在行政部門必須承擔越來越多樣化之任務的發展趨勢底下，行政規則的功能與種類，必然也日趨多樣化，從

部法」的區分已逐漸過時，對於行政規則的討論焦點，也隨之轉移到各種不同性質的行政規則，究竟帶有何等不同的法拘束力上。對此詳見 *Gunnar Folke Schuppert*, Verwaltungswissenschaft: Verwaltung, Verwaltungsrecht, Verwaltungslehre, 2000, S. 267 f.

❼　例可參見 *Hermann Hill*, Normkonkretisierende Verwaltungsvorschriften, NVwZ 8 (1989), S. 401 ff., 405.

❼　學說上或有認為：即使時至今日，行政規則基於其原則上僅對內發生法規範效果，在性質上固然是一種法規 (Rechtssatz)，但終究不能被認為是具有外部法效力的、正式的法規範 (Rechtsnorm)。此種觀點可參見 *Hartmut Maurer*, Allgemeines Verwaltungsrecht, 17. Aufl., 2009, S. 620 f. 對此觀點之批評可參見 *Fritz Ossenbühl*, Rechtsquellen und Rechtsbindungen der Verwaltung, in: Hans-Uwe Erichsen/Dirk Ehlers (Hrsg.), Allgemeines Verwaltungsrecht, 12. Aufl., 2002, § 6, Rn. 41.

❼　關於行政規則是否構成法源之一環的問題，可參見 *Fritz Ossenbühl*, Rechtsquellen und Rechtsbindungen der Verwaltung, in: Hans-Uwe Erichsen/Dirk Ehlers (Hrsg.), Allgemeines Verwaltungsrecht, 12. Aufl., 2002, § 6, Rn. 41.

而其效力往往不免間接、甚至時而直接對外發生法規範效果。例如在法律規範密度過低，以至於其適用與執行容易遭遇困難的情況下，行政規則的制定，便具有補充法律規定之不足的意義。德國聯邦憲法法院甚至曾經將這種類型的行政規則，明白視為「客觀法秩序的一部分」，正面肯認行政機關透過具有直接外部規範效力之行政規則，來補充、具體化法律之規定，使之得以適用於個案的正當性❽。據此，行政規則間接或直接發生對外效果、間接或直接對人民造成影響，現今都已不能視為極端的例外，反而在某種程度上必須被視為行政自主性提高的再三見證。學者 Fritz Ossenbühl 因此認為，如今爭執行政規則是否可以被承認具有法規範或法源的地位，恐怕已無太大實益❽。重點在於：不同類型的行政規則，因其所肩負之功能的差異，將各自表現出不同程度的、間接或直接的對外規範效果與拘束力❽。尤有進者，這種因為行政規則類型之多樣性所帶來的法律效果複雜

----

❽　例可參見 BVerfGE 40, 237 (255).

❽　*Fritz Ossenbühl*, Autonome Rechtsetzung der Verwaltung, in: Josef Isensee/Paul Kirchhof (Hrsg.), HStR III, 2. Aufl., 1996, § 65, Rn. 30–34. 類似觀點參見 *Anna Leisner*, Verwaltungsgesetzgebung durch Erlasse, JZ 57 (2002), S. 219 ff., 223.

❽　粗略而言，行政規則依其功能，可大別為幾種主要類型：1.行政機關為了具體規劃、分配針對行政內部之組織與權限，所制定的一般性規則；2.行政機關為了對其所適用之法律進行解釋或具體化，使之得以於個案中被以一貫性的方式理解與適用，而制定的統一準則。一般而言，這種類型的行政規則預設了不確定法律概念的存在。換言之，正因為出現了不確定法律概念，使得「如何一貫性地針對該不確定法律概念進行解釋或具體化」，成為行政機關必須透過行政規則來加以處理並解決的難題。這種類型的行政規則，根據一般見解，可再進一步細分為「解釋規之行政規則」，以及所謂「將規範具體化之行政規則」。其中，「將規範具體化之行政規則 (Normkonkretisierende Verwaltungsvorschriften)」由於經常於環境法與科技法領域中適用，旨在具體形成科技法規範之內涵，因此被認為具有對外之法規範效力與拘束力，也因而引發諸多關於行政規則效力與拘束力射程範圍的爭議（詳後述）；3.行政機關為了建立一致性的裁量權行使模式，而訂定之裁量準則。可想而知，這一類型的行政規則當然預設了法律授權行政機關進行裁量的前提；4.當法律規定之欠缺或不明確，已經達到行政機關無法依據法律來執行任務的程度時，行政機關為了順利履行其行政任務而制定在實質功能上已形同法律的規範性標準，亦即學理上所稱之「替代法律之行政規則 (Gesetzvertretende Verwaltungsvorschriften)」（詳見下文的討論）。關於行政規則的分類，可進一步參見 *Fritz Ossenbühl*, Autonome Rechtsetzung der Verwaltung, in: Josef Isensee/Paul Kirchhof (Hrsg.), HStR III, 2. Aufl., 1996, § 65, Rn. 14–28; *Hartmut Maurer*, Allgemeines Verwaltungsrecht, 16. Aufl., 2006, S. 628–631; *Mattias Ruffert*, Rechtsquellen und Rechtsschichten des Verwaltungsrechts, in:

性，也使得前述對行政規則「內部法」的界定，越來越無法被視為理所當然。

　　由於行政規則對外發生法律效果的放射作用，已日益成為不容否認或忽視的現象，連帶使得對於行政機關制定行政規則的權限界定與權限控制，也漸漸不再圍繞在「內部法」這個重點概念上，而毋寧如同先前所提及的，轉而以法律保留之範圍界定為核心。據此，凡是不屬法律保留範圍的事務管轄領域，無論僅屬行政內部事項，或者將直接或間接對外、對一般人民發生影響，都是行政機關有權透過行政規則來加以管制的範疇。在這樣的發展趨勢之下，我們不難想見，何以所謂「替代法律之行政規則(Gesetzvertretende Verwaltungsvorschriften)」這個概念，在德國可以得到廣泛的承認❽。所謂「替代法律之行政規則」，係指在法律未予規範、或未予充分規範的事務領域，行政機關基於實務需求，依職權訂定，以規範下級機關或下屬的一般性規定。就其實際功能而言，一方面，既然行政規則也可對外發生規範效力，它當然有資格、並且有義務對法律規範不足之處進行補充，甚至代替法律發揮提供規範標準的功能。另一方面，這個概念也等於是在為德國行政法體系既不承認（毋須法律授權之）職權命令的存在、卻又不認為法律保留應適用於所有事務領域的矛盾現象，進行解套。所謂「替代法律之行政規則」，功能本在於填補「非經具體化即無法適用」的法律規範漏洞，但又因為其本身只是一種基於行政權在憲法上之正當性，所

Wolfgang Hoffmann-Riem/Eberhard Schmidt-Aßmann/Andreas Voßkuhle (Hrsg.), Grundlagen des Verwaltungsrechts, Band I: Methoden—Maßstäbe—Aufgaben—Organisation, 2006, § 17, Rn. 72–77; *Hermann Hill*, Normsetzung und andere Formen exekutivischer Selbstprogrammierung, in: Wolfgang Hoffmann-Riem/Eberhard Schmidt-Aßmann/Andreas Voßkuhle (Hrsg.), Grundlagen des Verwaltungsrechts, Band II: Informationsordnung, Verwaltungsverfahren, Handlungsformen, 2008, § 34, Rn. 40 ff.; *Markus Möstl*, Verwaltungshandeln und Verwaltungsverhältnis, in: Hans-Uwe Erichsen/Dirk Ehlers (Hrsg.), Allgemeines Verwaltungsrecht, 13. Aufl., 2006, S. 597 f.

❽ 對此概念可參見 *Fritz Ossenbühl*, Autonome Rechtsetzung der Verwaltung, in: Josef Isensee/Paul Kirchhof (Hrsg.), HStR III, 2. Aufl., 1996, § 65, Rn. 27–28; *Hermann Hill*, Normsetzung und andere Formen exekutivischer Selbstprogrammierung, in: Wolfgang Hoffmann-Riem/Eberhard Schmidt-Aßmann/Andreas Voßkuhle (Hrsg.), Grundlagen des Verwaltungsrechts, Band II: Informationsordnung, Verwaltungsverfahren, Handlungsformen, 2008, § 34, Rn. 43.

導出的行政規則類型，所以不會陷入「容許行政機關可以在無法律授權的前提下，制定對外發生規範效果之法規命令」的規範困境。儘管如此，「替代法律之行政規則」此一概念的發展，無疑仍充分凸顯出承認「行政立法權」相對於國會法律之自主性的必要性。既然所謂的「全面（法律）保留」不論在現實上，或從基本法所構築的權力分立體系看來，都無法站得住腳，那麼對於基本法第 80 條第 1 項規定，就不應該過分嚴格地採取一種「若無法律授權，即絕無行政立法之空間」的理解方式。換言之，在「重要性理論」的支配之下，應認為基本法第 80 條第 1 項之規定，一方面固然要求行政機關（聯邦政府、聯邦部長或邦政府）制定法規命令時，必須得到法律在內容、目的、範圍等三方面具體明確的授權，但另一方面，也因此而形同容許行政的自主性，可以在相對「不重要」的事務領域，藉由毋須以法律授權為基礎，甚且可能具有對外效力的行政規則，來得到充分的實現❽。從更根本的角度來說，對「替代法律之行政規則」的肯認，其實也在一定程度上，象徵著行政規則與法規命令兩者，在實質功能上的趨近。既然行政規則發生對外規範效果與拘束力的可能性，無法完全排除，甚且必須視為當代行政規則經常具備的特徵，其制定不免如同法規命令一般，也是一

---

❽ 參見 *Fritz Ossenbühl*, Autonome Rechtsetzung der Verwaltung, in: Josef Isensee/Paul Kirchhof (Hrsg.), HStR III, 2. Aufl., 1996, § 65, Rn. 64 f.; *Anna Leisner*, Verwaltungsgesetzgebung durch Erlasse, JZ 57 (2002), S. 219 ff., 226; *Rainer Wahl*, Verwaltungsvorschriften: Die ungesicherte dritte Kategorie des Rechts, in: Eberhard Schmidt-Aßmann/Dieter Sellner/Günter Hirsch/Gerd-Heinrich Kemper/Hinrich Lehmann-Grube (Hrsg.), Festgabe 50 Jahre Bundesverwaltungsgericht, 2003, S. 571 ff., 587. 相對地，仍有許多德國學者，對於基本法究竟是否承認原始、獨立的「行政立法權」的問題，抱持根本懷疑的態度。例可參見 *Michael Brenner*, in: Hermann von Mangoldt/Friedrich Klein/Christian Starck, Das Bonner Grundgesetz: Kommentar, Band III: Art. 79–146, 4. Aufl., 2001, Art. 80, Rn. 7 ff., 24 ff.; *Johannes Saurer*, Die neueren Theorien zur Normkategorie der Verwaltungsvorschriften, VerwArch 97 (2006), S. 249 ff., 266 f. 根據本書的觀點，基本法第 80 條第 1 項之規定，一方面固然不至於導向一種「國會獨攬立法權」的立場，但另一方面卻也不應該反過來被誤解為足以為大舉開放「無法律授權之行政立法權」的空間鋪路。畢竟，在德國基本法對議會民主的預設之下，國會無論如何都享有優先而具有支配力的立法權限。從而，「行政立法權」的發動，無論如何都必須受到法律、特別是法律之授權框架的約束。

種行政立法權的展現⑧。

二、行政規則的外部效力與拘束力所導致的權力分立難題

很明顯地，行政規則的對外法規範效力，必然引發「如何對行政規則進行合法性控制」的疑慮。原本行政規則之所以毋須法律授權，就是因為它只對行政內部（特別是下級行政機關）具有拘束力。然而，如果行政規則對外不只具有事實上的效力，更進一步具有法規範上的效力與拘束力，但卻無授權母法作為其規範基礎，那麼行政機關制定（足以發生對外效力之）行政規則的權限，究應如何被施以適當的規範拘束與控制呢？正因為有這層顧慮，所以根據一般的看法，行政規則對外的法規範效力與拘束力，並非不帶任何條件或保留，更不能被視為一種普遍的常態。相反地，在毋須法律授權的基礎上，為了落實對行政權的合法／合憲性控制，行政規則的對外效力與拘束力，必須預設若干基本前提。首先，行政規則對外法規範效力之發生，必須以行政機關的自我拘束（所謂 Selbstbindung der Verwaltung）為條件⑧。由於行政規則規範體系之建立，是以行政權基於憲法而享有之自主性作為核心概念，因此，「自我拘束」的構想，便順理成章

---

⑧ 關於法規命令與行政規則兩者區分相對化的趨勢，可參見 *Hartmut Maurer*, Allgemeines Verwaltungsrecht, 17. Aufl., 2009, S. 645 f.; *Hermann Hill*, Normsetzung und andere Formen exekutivischer Selbstprogrammierung, in: Wolfgang Hoffmann-Riem/Eberhard Schmidt-Aßmann/Andreas Voßkuhle (Hrsg.), Grundlagen des Verwaltungsrechts, Band II: Informationsordnung, Verwaltungsverfahren, Handlungsformen, 2008, § 34, Rn. 3, 47; *Anna Leisner*, Verwaltungsgesetzgebung durch Erlasse, JZ 57 (2002), S. 219 ff., 229 f.

⑧ 對此詳見 *Fritz Ossenbühl*, Autonome Rechtsetzung der Verwaltung, in: Josef Isensee/Paul Kirchhof (Hrsg.), HStR III, 2. Aufl., 1996, § 65, Rn. 44 ff.; *Fritz Ossenbühl*, Rechtsquellen und Rechtsbindungen der Verwaltung, in: Hans-Uwe Erichsen/Dirk Ehlers (Hrsg.), Allgemeines Verwaltungsrecht, 12. Aufl., 2002, § 6, Rn. 49 f.; *Hartmut Maurer*, Allgemeines Verwaltungsrecht, 16. Aufl., 2006, S. 635 f.; *Hans Dieter Jarass*, Bindungswirkung von Verwaltungsvorschriften, JuS 39 (1999), S. 105 ff., 107 f.; *Anna Leisner*, Verwaltungsgesetzgebung durch Erlasse, JZ 57 (2002), S. 219 ff., 223.

地伴隨行政機關的行政規則制定權。事實上，如前所述，行政規則之制定，往往正是基於讓行政權在個案中對法律的解釋與適用，儘可能一致的考量而來。舉凡為了讓不確定法律概念及裁量權之行使，有一套足以依循之認定標準，而制定的種種行政規則，都具備這種落實行政「自我拘束」的動機與功能。據此，在行政規則足以間接、甚至直接發生對外規範效力的情形，「自我拘束」的要求，可想而知地將進一步提升，因為，行政機關此時在個案當中，依循行政規則而進行的法律適用，將對當事人（對外）造成影響，從而觸及「法律平等適用」之規範要求。根據德國基本法第 3 條第 1 項的規定，法律之前，人人平等。因此，倘若行政機關在 A 案中，根據系爭行政規則來解釋與適用法律，而在情境相同的 B 案中，卻偏離該行政規則的意旨，導致對法律解釋與適用不同之結果，此時行政機關這種「不平等」的權限行使，便有抵觸基本法第 3 條第 1 項的嫌疑。從這個角度看來，基本法第 3 條第 1 項之規定，不僅開發了法院介入審查行政行為的空間，更因此而引導出行政規則的對外法規範效力：正因為憲法要求：任何行政權之行使，都必須平等對待所有人民，所以，作為統一行政權行使之規範標準的行政規則，自然必須獲得行政機關平等、一致的遵循，藉此而發生對外的法規範效力。當然，基於行政規則在功能上的多樣性，這種要求行政機關「平等遵循行政規則」的「自我拘束」，不僅不是絕對的，甚且在不同的行政規則類型中，被要求落實的程度也有所差異❼。一般說來，行政權之行使（包括法律的解釋與適用）對人民權利義務的影響越大，這種自我拘束的要求便越嚴格。值得一提的是，在朝向未來且因應風險而生的科技法、環境法等管制領域，由於特別仰賴行政部門因應知識、科技與社經情勢變遷的自主性，因此，行政機關於此所制定之行政規則，不僅拘束行政內部本身，並且，經行政機關之重複適用而間接發生對外的法規範效力，甚至對法院都足以發揮拘束力。如此一來，這類型的行政規則所創

---

❼　對此參見 *Fritz Ossenbühl*, Autonome Rechtsetzung der Verwaltung, in: Josef Isensee/Paul Kirchhof (Hrsg.), HStR III, 2. Aufl., 1996, § 65, Rn. 55–62; *Hartmut Maurer*, Allgemeines Verwaltungsrecht, 16. Aufl., 2006, S. 636.

造的「拘束」，反而往往造成在一定程度上壓縮法院審查空間的結果，從而更進一步支援高度自主的行政權。

在各種行政規則類型當中，最徹底表現行政規則對法院拘束力者，當屬所謂「將規範具體化之行政規則 (normkonkretisierende Verwaltungsvorschriften)」[88]。一般而言，這種「將規範具體化之行政規則」，經常出現在環境法、科技安全法等仰賴行政主管機關制定各種安全標準的領域，其最主要的作用，在於將這些領域中頻繁使用的不確定法律概念，例如「知識與技術現狀 (Stand von Wissenschaft und Technik)」，以及「對環境之不良影響 (schädliche Umwelteinwirkungen)」等等，予以具體化[89]。根據早期行政法院的見解，行政機關這種為了將環境法、科技法中出現的不確定法律概念具體化，所制定之屬於行政規則性質的具體安全標準，對行政法院來說，應該是一種所謂「預見的專業鑑定 (antizipiertes Sachverständigengutachten)」[90]，象徵專業團體對系爭事務一般性的看法，因此對法院有一定程度的重要意義。不過，後來的行政法院則進一步闡明：行政機關基於規範具體化的需要，所制定的環境安全或科技安全準則，在性質上毋寧已構成所謂「將規範具體化之行政規則」[91]。此一定位的重要性在於，由於這種行政規則已承擔具體化法律規範的重責大任，其內容必須被視為法律規範的延伸，因此對行政法院而言，也構成一定的法拘束力，從而具有降低法院審查密度的效果。雖然此種「將規範具體化之行政規則」所導致法院審查密度的降低，似乎尚不意味著行政機關所有相關的個案決

[88] 關於「將規範具體化之行政規則」對法院的拘束力，一般性的討論可參見 *Fritz Ossenbühl*, Autonome Rechtsetzung der Verwaltung, in: Josef Isensee/Paul Kirchhof (Hrsg.), HStR III, 2. Aufl., 1996, § 65, Rn. 60; *Hermann Hill*, Normsetzung und andere Formen exekutivischer Selbstprogrammierung, in: Wolfgang Hoffmann-Riem/Eberhard Schmidt-Aßmann/Andreas Voßkuhle (Hrsg.), Grundlagen des Verwaltungsrechts, Band II: Informationsordnung, Verwaltungsverfahren, Handlungsformen, 2008, § 34, Rn. 44.

[89] 關於「規範具體化」與「規範解釋」及「裁量準則」的性質差異，可參見 *Hermann Hill*, Normkonkretisierende Verwaltungsvorschriften, NVwZ 8 (1989), S. 401 ff., 406; *Anna Leisner*, Verwaltungsgesetzgebung durch Erlasse, JZ 57 (2002), S. 219 ff., 226 ff.

[90] 詳見 BVerwGE 55, 250 (256).

[91] 詳見 BVerwGE 72, 300 (320 f.).

定，都享有廣泛的判斷餘地，或者其內容因此不受法院實質審查❾，但法

❾ 「將規範具體化之行政規則」的制定，究竟是否預設或證立行政判斷餘地的存在，又究竟造成多大的司法審查退讓的效果，在德國都仍是有爭議的問題。相關討論可參見 *Udo Di Fabio*, Verwaltungsvorschriften als ausgeübte Beurteilungsermächtigung: Plädoyer für eine Neubestimmung der normkonkretisierenden Verwaltungsvorschriften im System der Rechtsquellen, DVBl. 107 (1992), S. 1338 ff.; *Christian Bönker*, Die verfassungs- und europarechtliche Zulässigkeit von Umweltstandards in Verwaltungsvorschriften, DVBl. 107 (1992), S. 804 ff.; *Rüdiger Breuer*, Tendenzwende des Rechtsschutzes? Betrachtungen zu den §§ 43 ff. UGB-KomE, in: Peter Marburger/Michael Reinhardt/Meinhard Schröder (Hrsg.), Jahrbuch des Umwelt- und Technikrechts 1998: Bd. 45, 1998, S. 161 ff., 174–176.; *Hans Dieter Jarass*, Bindungswirkung von Verwaltungsvorschriften, JuS 39 (1999), S. 105 ff., 109; *Eckhard Pache*, Tatbestandliche Abwägung und Beurteilungsspielraum: Zur Einheitlichung administrativer Entscheidungsfreiräume und zu deren Konsequenzen im verwaltungsgerichtlichen Verfahren—Versuch einer Modernisierung, 2001, S. 104 ff.; *Hartmut Maurer*, Allgemeines Verwaltungsrecht, 17. Aufl., 2009, S. 632; *Johannes Saurer*, Die Funktionen der Rechtsverordnung. Der gesetzgeberische Zuschnitt des Aufgaben- und Leistungsprofils exekutiver Rechtsetzung als Problem des Verfassungsrechts, ausgehend vom Referenzgebiet des Umweltrechts, 2005, S. 338 ff.; *Helmuth Schulze-Fielitz*, Neue Kriterien für die verwaltungsgerichtliche Kontrolldichte bei der Anwendung unbestimmter Rechtsbegriffe, JZ 48 (1993), S. 772 ff., 780; *Monika Jachmann*, Die Bindungswirkung normkonkretisierender Verwaltungsvorschriften. Anmerkungen zu einer Rechtsetzungsfunktion der rechtsanwendenden Verwaltung aus methodologischer sowie verfassungsrechtlicher Sicht, Die Verwaltung 28 (1995), S. 17 ff., 29 f.; *Johannes Saurer*, Die neueren Theorien zur Normkategorie der Verwaltungsvorschriften, VerwArch 97 (2006), S. 249 ff., 256 f. 另一方面，由於歐洲法院認為，有鑑於「將規範具體化之行政規則」的對外效力與拘束力，仍有爭議且範圍不明，不利於當事人的權利保護及權利救濟，從而，利用此種「將規範具體化之行政規則」，來將歐盟指令進行轉換，是不被允許的（詳見 EuGH, NVwZ 10 (1991), 866, 868; 相關討論可參見 *Thomas von Danwitz*, Normkonkretisierende Verwaltungsvorschriften und Gemeinschaftsrecht, VerwArch 84 (1993), S. 73 ff., 80 ff.; *Christoph Gusy*, Probleme der Verrechtlichung technischer Standards, NVwZ 14 (1995), S. 105 ff., 107; *Anna Leisner*, Verwaltungsgesetzgebung durch Erlasse, JZ 57 (2002), S. 219 ff., 226），因此，針對環境法、科技法這種事務類型所進行的「行政立法」，在德國也越來越傾向於乾脆以「法規命令」的規範方式，來取代「將規範具體化之行政規則」。對此參見 *Hermann Hill*, Normsetzung und andere Formen exekutivischer Selbstprogrammierung, in: Wolfgang Hoffmann-Riem/Eberhard Schmidt-Aßmann/Andreas Voßkuhle (Hrsg.), Grundlagen des Verwaltungsrechts, Band II: Informationsordnung, Verwaltungsverfahren, Handlungsformen, 2008, § 34, Rn. 45; *Eckard Rehbinder*, Ziele, Grundsätze, Strategien und Instrumente des Umweltschutzes, in: Klaus Hansmann/Dieter Sellner (Hrsg.), Grundzüge des Umweltrechts: Herausgegeben im Auftrag des Arbeitskreises für Umweltrecht (AKUR), 3. Aufl., 2007, S.

院此番見解，已清楚顯示出行政立法權的發動，在環境法與科技法領域所發揮的實務功能，以及由此而來不容忽視的影響力 ❾❸ 。

這種「將規範具體化之行政規則」所引發的種種爭議，也連帶導致德國行政法學界對於行政規則對外法規範效力的反省。有鑑於「將規範具體化之行政規則」，已具有具體形成規範內涵的性質與制度意義，有越來越多德國學者主張，前述所謂行政規則只能根據基本法第 3 條第 1 項，透過行政自我拘束的要求，間接發生對外法規範效果的說法 ❾❹ ，已經成為過去式。這些學者因此或從法律授權的觀點，或站在行政部門獨立之規範制定權的立場，主張行政規則依其屬性，往往已不只具有間接，而是具有直接對外的法規範效力 ❾❺ 。這樣的看法一方面固然因為在一定程度上，突破了「立法權須由國會法律主導」的傳統見解，甚至也突破了基本法第 80 條第 1 項所預設「直接對外發生法規範效力之『行政立法』，就是法規命令」的基礎理解 ❾❻ ，而引來憲法與行政法層次的批評 ❾❼ ，但在另一方面，也同時顯現

---

123 ff., 279.

❾❸ 相關討論可進一步參見 *Matthias Herdegen*, Gestaltungsspielräume bei administrativer Normgebung—Ein Beitrag zu rechtsformabhängigen Standards für die gerichtliche Kontrolle von Verwaltungshandeln, AöR 114 (1989), S. 607 ff., 632 ff.

❾❹ 關於過去所謂「間接對外效力」這套主流見解的內容，可參見 *Hartmut Maurer*, Allgemeines Verwaltungsrecht, 17. Aufl., 2009, S. 628 ff.; *Johannes Saurer*, Die neueren Theorien zur Normkategorie der Verwaltungsvorschriften, VerwArch 97 (2006), S. 249 ff., 254.

❾❺ 持此立場者，可參見 *Fritz Ossenbühl*, Rechtsquellen und Rechtsbindungen der Verwaltung, in: Hans-Uwe Erichsen/Dirk Ehlers (Hrsg.), Allgemeines Verwaltungsrecht, 12. Aufl., 2002, § 6, Rn. 50; *Eckhard Pache*, Tatbestandliche Abwägung und Beurteilungsspielraum: Zur Einheitlichkeit administrativer Entscheidungsfreiräume und zu deren Konsequenzen im verwaltungsgerichtlichen Verfahren—Versuch einer Modernisierung, 2001, S. 82 f. 更早期的類似觀點可參見 *Klaus Vogel*, Gesetzgeber und Verwaltung, in: VVDStRL 24 (1966), S. 125 ff., 163 ff.

❾❻ 關於基本法第 80 條第 1 項的這個預設，參見 *Johannes Saurer*, Die Funktionen der Rechtsverordnung. Der gesetzgeberische Zuschnitt des Aufgaben- und Leistungsprofils exekutiver Rechtsetzung als Problem des Verfassungsrechts, ausgehend vom Referenzgebiet des Umweltrechts, 2005, S. 341.

❾❼ 例可參見 *Hartmut Maurer*, Allgemeines Verwaltungsrecht, 17. Aufl., 2009, S. 633; *Johannes Saurer*, Die neueren Theorien zur Normkategorie der Verwaltungsvorschriften, VerwArch 97 (2006), S. 249 ff., 262 ff. 有鑑於法規命令與行政規則越來越接近的趨勢，學者

出行政規則所發揮的「行政立法」功能，在當今行政實務中越來越高的重要性。

儘管有以上的發展趨勢，基於行政合法性的基本要求，任何行政行為——包含行政規則——，在德國基本法所預設的議會民主架構之下，理所當然都不能違反法律的優先性與拘束。據此，行政規則是否與法律相抵觸，仍屬行政法院得以介入審查的範圍。特別在行政規則具有對外法規範效力的情形，更是如此，因為，此時的行政規則，已對外、亦即足以對人民之權利義務造成影響，從而更應該由法院進場，為這些行政規則的合法性進行把關。所以，包括行政規則對法律之解釋是否不當扭曲法律意旨、行政規則對法律的具體化是否已逾越法律所容許的形成空間等問題，都是法院審查的對象 ❾❽。即使是在一定程度上，被認為具有拘束法院效果的「將規範具體化之行政規則」，也必須站在其據以具體化之法律規範的基礎上，謹守該法律規範所設定的目的框架，甚至為了實現法律規範之目的，必須不斷因應科技、知識與技術日新月異的變化，隨時調整其內容 ❾❾。德國聯邦行政法院即曾闡示：承認「將規範具體化之行政規則」發生對外法規範效力與拘束力的前提，就在於要求這些行政規則，在將規範具體化的過程中，必須充分考量相關的重要知識與技術發展現狀與經驗法則，依循上位規範的要求，隨著知識科技的發展與時俱進，並且透過完整參與程序機制的設

Schmidt-Aßmann 因此主張，法規命令及行政規則必須藉由被賦予不同的（對外）拘束效力，來確保兩者在功能屬性上的區分。對此參見 *Eberhard Schmidt-Aßmann*, in: Theodor Maunz/Günter Dürig (Hrsg.), Grundgesetz-Kommentar, Bd. III: Art. 17–27, 2007, Art. 19 Abs. 4, Rn. 206 b.

❾❽ 可參見 *Mattias Ruffert*, Rechtsquellen und Rechtsschichten des Verwaltungsrechts, in: Wolfgang Hoffmann-Riem/Eberhard Schmidt-Aßmann/Andreas Voßkuhle (Hrsg.), Grundlagen des Verwaltungsrechts, Band I: Methoden—Maßstäbe—Aufgaben—Organisation, 2006, § 17, Rn. 68; *Anna Leisner*, Verwaltungsgesetzgebung durch Erlasse, JZ 57 (2002), S. 219 ff., 229.

❾❾ 參見 *Michael Gerhardt*, Normkonkretisierende Verwaltungsvorschriften, NJW 42 (1989), S. 2233 ff., 2238–2240; *Hermann Hill*, Normkonkretisierende Verwaltungsvorschriften, NVwZ 8 (1989), S. 401 ff., 410; *Christoph Gusy*, Probleme der Verrechtlichung technischer Standards, NVwZ 14 (1995), S. 105 ff., 108 f.; *Anna Leisner*, Verwaltungsgesetzgebung durch Erlasse, JZ 57 (2002), S. 219 ff., 227.

計，確保行政規則的內容不僅合乎既有的經驗，也趕得上知識發展的最新狀況[100]。從這些闡述當中，我們可以看出，即使面對高度專業性的環境法、科技法領域，聯邦行政法院對於是否無條件或大幅降低司法審查密度的問題，至今仍持相對謹慎、保守的態度。

---

[100] 可參見 BVerwGE 107, 338 (341–342). 另參見 BVerwGE 110, 216 (219); BVerwGE 114, 342 (345).

第 5 節　小結：行政部門制定法規命令與行政規則之權限本質與權限範疇

　　從以上對法規命令與行政規則的分析當中，我們可以看出，在德國基本法所建構的民主法治國底下，承接龐大國家任務的行政機關，儘管越來越常扮演規範制定者的角色，但無論如何都仍必須遵循「議會支配」、「法律支配」的基調，在權力行使的過程中，以法律為根據，復以法律為依歸。在這樣的基礎之上，行政立法權的發動，自然不能與國會立法權的發動相提並論。由於法規命令之制定是行政機關承接國會立法的結果，因此其整體規範架構與規範控制機制，都必須圍繞在「法律授權」這個核心概念上，受到授權母法在實質內容上的拘束。當然，在國家任務膨脹、行政任務隨之日益繁雜與多樣化的背景之下，不論是法律的規範密度越來越低，或者法律對行政機關的授權越來越頻繁與開放，都是不容否認，甚至是必要的發展趨勢。據此，法規命令也必然越來越被期待在法律無法預先給定完整規範內涵的情況下，承擔越來越多立法決策的功能。然而，這種越來越仰賴行政自主性的發展趨勢，並不意味著法律的調控能力已經大幅減弱，或者法律不再享有優越於行政權的地位，而毋寧是體現當代國家角色變遷，所必然帶來規範制定權不斷分殊化的現象。在這樣的認知基礎上，當代法規命令規範架構所面臨的重要課題，與其說是「如何克服法律調控能力的弱化」，倒不如說是「如何在法律的拘束框架日趨開放的背景下，澄清並鞏固法律乃至於整體憲政秩序，為行政權所構築的規範框架」。

　　行政任務不斷多元化發展的趨勢，當然連帶也影響行政規則的規範架構。如同之前的分析所指出的，不同於傳統對於行政規則當然歸屬於法律所不能干涉之「內部法」範疇的認定，當代行政任務多樣化背景下的行政規則，一方面固然不需要藉由法律授權的中介來取得正當性，但另一方面卻同時因為越來越頻繁地發生對外效力與拘束力，而不再能躲進「內部法」

的保護罩，規避憲政秩序的拘束與控制。有鑑於此，行政規則規範體系的
建立，除了繫於傳統所謂行政自我拘束之外，更須以不只是法律、還包括
整體憲政秩序所共同賦予行政部門之規範框架的釐清為前提。就此看來，
不論是制定法規命令或者行政規則，行政機關都必須在憲法所給定「法律
保留」的框架秩序底下，尋求其與國會之間的立法任務分工。

　　在過去數十年來如火如荼進行的德國行政法總論改革潮流中，舉凡國
際化 (Internationalisierung)、歐洲化 (Europäisierung)、私有化
(Privatisierung)、程序化 (Prozeduralisierung)、精簡化 (Ökonomisierung) 等趨
勢的討論至多且繁，而這些討論也更進一步導致諸如效率 (Effizienz)、資訊
(Information)、溝通 (Kommunikation)、調控 (Steuerung)、治理 (Governance)
等概念之運用，對德國行政法體系所造就越來越大的影響力 [101]。如此發展

---

[101] Wolfgang Hoffmann-Riem 與 Eberhard Schmidt-Aßmann 兩位德國學者，除了在 1993–2004
年這段期間，合編十冊「行政法革新」系列論文集 (Schriften zur Reform des
Verwaltungsrechts) 之外，並自 2006 年起，與 Andreas Voßkuhle 召集大批德國公法學者，
合力撰寫三大冊以「行政法基礎 (Grundlagen des Verwaltungsrechts)」為題的教科書手冊，
為德國行政法改革的風潮，留下豐富的見證。關於此等「行政法革新」發展趨勢的說明，詳見
Andreas Voßkuhle, Neue Verwaltungsrechtswissenschaft, in: Wolfgang
Hoffmann-Riem/Eberhard Schmidt-Aßmann/ders. (Hrsg.), Grundlagen des
Verwaltungsrechts, Band I: Methoden—Maßstäbe—Aufgaben—Organisation, 2006, § 1;
Wolfgang Hoffmann-Riem, Tendenzen in der Verwaltungsrechtsentwicklung, DÖV 50
(1997), S. 433 ff., 438 ff.; *Eberhard Schmidt-Aßmann*, Das allgemeine Verwaltungsrecht als
Ordnungsidee: Grundlagen und Aufgaben der verwaltungsrechtlichen Systembildung, 2.
Aufl., 2006, S. 18–41；另參見 *Wilhelm Henke*, Wandel der Dogmatik des öffentlichen
Rechts, JZ 47 (1992), S. 541 ff., 546 ff.; *Ernst-Hasso Ritter*, Integratives Management und
Strategieentwicklung in der staatlichen Verwaltung—Über strategisches Controlling auf der
Ministerialebene, DÖV 56 (2003), S. 93 ff.; *Rainer Pitschas*, Neues Verwaltungsrecht im
partnerschaftlichen Rechtsstaat?—Zum Wandel von Handlungsverantwortung und—formen
der öffentlichen Verwaltung am Beispiel der Vorsorge für innere Sicherheit in Deutschland,
DÖV 57 (2004), S. 231 ff.; *Hans-Heinrich Trute/Wolfgang Denkhaus/Doris Kühlers*,
Governance in der Verwaltungsrechtswissenschaft, Die Verwaltung 37 (2004), S. 451 ff. 近
年來對於「行政法革新」趨勢的相關批評，則可參見 *Hubert Treiber*,
Verwaltungsrechtswissenschaft als Steuerungswissenschaft—eine "Revolution auf dem
Papier"?, KJ 40 (2007), S. 328 ff.; *Hubert Treiber*, Verwaltungsrechtswissenschaft als
Steuerungswissenschaft—eine "Revolution auf dem Papier"?, KJ 41 (2008), S. 48 ff.;
Bernd Grzeszick, Anspruch, Leistungen und Grenzen steuerungswissenschaftlicher

的結果，不但明顯使得調控科學 (Steuerungswissenschaft) 對傳統行政法釋義學，造成多面向的衝擊，甚至每每更直接挑戰既有「國會中心」、「法律中心」的權力分立結構，因為，這些科際整合導向的研究，往往正是立基在「法律調控能力不足」的認知上，認為應該轉而尋求法律以外的種種科學資源，來協助建立更理性的行政決策機制，以確保行政決定的正確性⑩。

Ansätze für das geltende Recht: Überlegungen am Beispiel des verwaltungsvertraglichen Koppelungsverbotes, Die Verwaltung 42 (2009), S. 105 ff.; *Shu-Perng Hwang*, Richtigkeit als Rechtsbegriff? Eine Überlegung zur Reform des allgemeinen Verwaltungsrechts aus rechtsmethodologischer Perspektive, VerwArch 101 (2010), S. 180 ff. 對於德國「行政法革新」的中文介紹與討論並可進一步參考 Eberhard Schmidt-Aßmann 著，林明鏘等譯，《行政法總論作為秩序理念──行政法體系建構的基礎與任務》，頁23以下（2009年）；林明鏘，《歐盟行政法：德國行政法總論之變革》，（2009年）；黃錦堂，〈「行政法總論之改革：基本問題」要義與評論〉，《憲政時代》，第29卷第2期，頁249–283（2003年）；陳愛娥，〈行政行為形式、行政任務、行政調控：德國行政法總論改革的軌跡〉，《月旦法學雜誌》，第120期，頁9–18，16–18（2005年）；胡博硯，〈自由化的電信市場中國家所應該扮演的角色：以德國為例〉，《致理法學》，第3期，頁31–58，45–46（2008年）；張鋦盛，〈德國行政法總論改革之新趨勢〉，《月旦法學雜誌》，第50期，頁192–199（1999年）。

⑩ 關於這類訴求可參見 *Andreas Voßkuhle*, Neue Verwaltungsrechtswissenschaft, in: Wolfgang Hoffmann-Riem/Eberhard Schmidt-Aßmann/ders. (Hrsg.), Grundlagen des Verwaltungsrechts, Band I: Methoden—Maßstäbe—Aufgaben—Organisation, 2006, § 1, Rn. 15 ff.; *Wolfgang Hoffmann-Riem*, Verwaltungsrechtsreform—Ansätze am Beispiel des Umweltrechts, in: ders./Eberhard Schmidt-Aßmann/Gunnar Folke Schuppert (Hrsg.), Reform des allgemeinen Verwaltungsrechts: Grundfragen, 1993, S. 115 ff., 121 ff., 132 ff.; *Wolfgang Hoffmann-Riem*, Tendenzen in der Verwaltungsrechtsentwicklung, DÖV 50 (1997), S. 433 ff., 438–442; *Wolfgang Hoffmann-Riem*, Ermöglichung von Flexibilität und Innovationsoffenheit im Verwaltungsrecht—Einleitende Problemskizze, in: ders./Eberhard Schmidt-Aßmann (Hrsg.), Innovation und Flexibilität des Verwaltungshandelns, 1994, S. 9 ff., 27 f.; *Reiner Schmidt*, Flexibilität und Innovationsoffenheit im Bereich der Verwaltungsmaßstäbe, in: Wolfgang Hoffmann-Riem/Eberhard Schmidt-Aßmann (Hrsg.), Innovation und Flexibilität des Verwaltungshandelns, 1994, S. 67 ff., 82; *Eberhard Schmidt-Aßmann*, Verwaltungskontrolle: Einleitende Problemskizze, in: ders./Wolfgang Hoffmann-Riem (Hrsg.), Verwaltungskontrolle, 2001, S. 9 ff., 10, 42; *Ivo Appel*, Das Verwaltungsrecht zwischen klassischem dogmatischen Verständnis und steuerungswissenschaftlichem Anspruch, in: VVDStRL 67 (2008), S. 226 ff., 264. 進一步的討論可參見 *Friedrich Schoch*, Außerrechtliche Standards des Verwaltungshandelns als gerichtliche Kontrollmaßstäbe, in: Hans-Heinrich Trute/Thomas Groß/Hans Christian Röhl/Christoph Möllers (Hrsg.), Allgemeines Verwaltungsrecht—zur Tragfähigkeit eines

在一定程度上，這種對行政理性的訴求，固然有其不容忽視的歷史背景與意義，因為長久以來，在評價法學的深刻影響之下，德國法學的特色，便在於致力追求從法的角度看來正確的、甚至是唯一正確的答案⑩。但是，也正因為一直執著於這種對於「（唯一）正確的、理性的行政決定」的訴求，使得當代科際整合導向的行政法觀點，往往容易陷入兩個重要的迷思：第一，這種科際整合觀點，經常在引進其他科學知識的同時，忽略了其他科學知識所代表的理性，並不見得與既有憲法乃至於行政法秩序所預設的理性相容。換言之，上述這些近年來被頻繁使用、並且往往被當作行政機關行為、程序或組織依據的標準，不見得能夠服務於德國基本法秩序所建構的價值體系，甚至反而可能與此價值體系相衝突⑩。比方說，近年來新的理論趨勢每每將行政部門與人民之間的關係，看作是雙方對等的伙伴，甚

Konzepts, 2008, 543 ff., 546 ff.

⑩ 在基本法背景之下，這種追求正確決定、乃至於追求公權力全面理性化的價值理念，除了是受到納粹慘痛教訓所致之外，在相當程度上，亦可謂與著名法學者 Karl Larenz 領導之評價法學 (Wertungsjurisprudenz)，在二次戰後所佔據的主流地位與深刻影響力息息相關。關於這種「正確導向」的法治觀在法學方法論上的特色，可參見 *Karl Larenz*, Richtiges Recht. Grundzüge einer Rechtsethik, 1979; *Shu-Perng Hwang*, Die Bindung des Richters an Gesetz und Recht: Richterliche Entscheidung nach dem richtigen Recht oder der Rahmenordnung des Rechts?, Rechtstheorie 38 (2007), S. 451 ff., 464 ff. 關於此種法治觀在行政法釋義學上的具體表現，可參見 *Thomas Würtenberger*, Rechtliche Optimierungsgebote oder Rahmensetzungen für das Verwaltungshandeln?, in: VVDStRL 58 (1999), S. 139 ff., 150 f.; *Shu-Perng Hwang*, Gesetzesbindung durch unbestimmte Rechtsbegriffe: Eine kompetenzielle Überlegung, VerwArch 102 (2011) (im Erscheinen); 黃舒芃，〈法律授權與法律拘束：Hans Kelsen 的規範理論對德國行政法上「不確定法律概念」拘束功能的啟示〉，《政治與社會哲學評論》，第 33 期，頁 47–95（2010 年）。

⑩ 許多學者因此一再提醒社會科學所提供標準的多樣性，及社會科學相對於法學的限制。簡單地說，社會科學的標準無論如何不能無條件地充當法學與法體系的標準。例可參見 *Eberhard Schmidt-Aßmann*, Das allgemeine Verwaltungsrecht als Ordnungsidee: Grundlagen und Aufgaben der verwaltungsrechtlichen Systembildung, 2. Aufl., 2006, S. 27 f.; *Eberhard Schmidt-Aßmann*, Verwaltungsorganisationsrecht als Steuerungsressource—Einleitende Problemskizze, in: ders./Wolfgang Hoffmann-Riem (Hrsg.), Verwaltungsorganisationsrecht als Steuerungsressource, 1997, S. 9 ff., 18 f.; *Andreas Voßkuhle*, "Schlüsselbegriffe" der Verwaltungsrechtsreform—Eine kritische Bestandsaufnahme, VerwArch 92 (2001), S. 184 ff., 194 f.; *Christoph Möllers*, Theorie, Praxis und Interdisziplinarität in der Verwaltungsrechtswissenschaft, VerwArch 93 (2002), S. 22 ff., 41 f.

至是一種服務業與顧客之間的關係，並認為追求效能之治理 (Governance) 的觀念，可以毫無困難地適用在行政組織、程序乃至於實體內容的改革上。然而，這樣的看法往往忽略了行政機關必須致力於維護公共利益的特質，以及在此特質之下，所必須受到的基本法秩序的種種限制⑩。第二，汲汲於將這些科際整合概念，當作行政行為規範依據的結果，往往扭曲了法秩序本身所提供之規範框架。更具體地說，這種科際整合觀點始終認為法律的調控能力不足，從而希望引進其他外於法律的調控資源，來進一步引導或拘束行政決定。但是，這樣的作法反而往往忽略了法律透過較低的規範密度或較開放的授權，所希望確保的個案中的行政彈性，以及此等彈性授權之下所展現的法律拘束，從而也低估了整體基本法秩序對於行政決定本已具備的調控能力⑩。總體來說，主張以「調控科學」來補充「行政法釋義學」，並以「行政理性與正確性」來超越既有「行政合法性」的論調，從一開始就忽略了法律之所以賦予行政自主空間的積極意義何在，也因此而認定法律所放任的行政自由，必須（借助其他社會科學）加以限縮。但是，從法的觀點看來，用其他社會科學所建構的理性標準，來約束行政自由，恐怕反而無法追求法律原本所要求的行政理性，因為，法理性的特徵，恰恰在於不預設一個絕對的、確定的理性標準，而反倒在於開放各種學科與知識理性，在具體個案中互相競爭、辯論乃至於妥協的空間⑩。就這個意

---

⑩　隨著經濟學與行政學在行政法改革發展趨勢中的重要性不斷提升，「治理」的概念及其應用，在近年來已成為「革新路線」最熱門的討論議題之一。例可參見 *Hans-Heinrich Trute/Wolfgang Denkhaus/Doris Kühlers*, Governance in der Verwaltungsrechtswissenschaft, Die Verwaltung 37 (2004), S. 451 ff.; *Gunnar Folke Schuppert* (Hrsg.), Governance-Forschung. Vergewisserung über Stand und Entwicklungslinien, 2005; *Gunnar Folke Schuppert/ Andreas Voßkuhle* (Hrsg.), Governance von und durch Wissen, 2008; *Lorenz Engi*, Governance—Umrisse und Problematik eines staatstheoretischen Leitbildes, Der Staat 47 (2008), S. 573 ff.

⑩　類似看法參見 *Andreas Voßkuhle*, Neue Verwaltungsrechtswissenschaft, in: Wolfgang Hoffmann-Riem/Eberhard Schmidt-Aßmann/ders. (Hrsg.), Grundlagen des Verwaltungsrechts, Band I: Methoden—Maßstäbe—Aufgaben—Organisation, 2006, § 1, Rn. 26–30; *Oliver Lepsius*, Steuerungsdiskussion, Systemtheorie und Parlamentarismuskritik, 1999, S. 11 ff.

⑩　關於法理性的這項特徵，詳見 *Arno Scherzberg*, Rationalität—staatswissenschaftlich

義而言，法律對於行政權，乃至於行政立法權的拘束功能，在法律頻繁授權的發展趨勢之下，往往受到嚴重的忽略，甚至誤解[108]。

為了避免落入上述這些迷思，在承認行政法學必須呼應時代趨勢的同時，基本法所預設的法律中心思想，以及在此思想支配之下，行政權在整體權力分立結構中，相對於立法權的定位，仍是發展當代行政法體系的前提。據此，充分彰顯行政立法功能的法規命令與行政規則，儘管承接了「將現實變成規範」的法制定任務，仍然不能忽略行政權在制度功能上的侷限，從而也不能因為法律規範密度降低，就低估國會法律、乃至於整體基本法秩序，所帶給個別行政決定的框架拘束。

betrachtet, in: Walter Krebs (Hrsg.), Liber amicorum Hans-Uwe Erichsen: zum 70. Geburtstag am 15. Oktober 2004, 2004, S. 177 ff., 194 ff., 204 ff. 並可進一步參見 *Niklas Luhmann*, Ausdifferenzierung des Rechts: Beiträge zur Rechtssoziologie und Rechtstheorie, 1981, S. 135; *Eberhard Schmidt-Aßmann*, Das allgemeine Verwaltungsrecht als Ordnungsidee: Grundlagen und Aufgaben der verwaltungsrechtlichen Systembildung, 2. Aufl., 2006, S. 25; *Shu-Perng Hwang*, Rechtsbindung durch Rechtsermächtigung: Ein topisches Verständnis der Reinen Rechtslehre zur Erläuterung des Verhältnisses von Richterbindung und Richterfreiheit, Rechtstheorie 40 (2009), S. 43 ff., S. 57 ff.; *Shu-Perng Hwang*, Richtigkeit als Rechtsbegriff? Eine Überlegung zur Reform des allgemeinen Verwaltungsrechts aus rechtsmethodologischer Perspektive, VerwArch 101 (2010), S. 180 ff., 197 ff.

[108] 詳見 *Shu-Perng Hwang*, Richtigkeit als Rechtsbegriff? Eine Überlegung zur Reform des allgemeinen Verwaltungsrechts aus rechtsmethodologischer Perspektive, VerwArch 101 (2010), S. 180 ff., 195 ff.

第三章

我國行政法學對法規命令及行政規則的繼受與「本土化」發展

　　我們已經在第二章的部分，介紹了德國行政法在基本法秩序底下，發展行政機關制定「法規命令」及「行政規則」權限的思想背景、制度精神與釋義學內涵。由這些說明可以得知，基本法秩序下的德國行政法，之所以將行政部門的立法權，侷限在「法規命令」與「行政規則」兩種類型，並針對直接對外發生法律效果的法規命令，進行憲法位階的規範，有其制度發展上的歷史淵源，而不只是空洞概念的辯證與堆砌。就此看來，我國行政法對於德國「法規命令」及「行政規則」這兩種概念類型的繼受，究竟是否也一併象徵我國對德國相關思想背景和制度發展邏輯的完整接納，又究竟對我國行政與立法兩權的關係，以及行政法的具體內涵，帶來什麼樣的影響，便成為一個饒富趣味、並且有廣大探討空間的問題。

　　我國行政程序法第四章，直接以「法規命令及行政規則」為標題，在第 150 條以下，分別針對法規命令與行政規則，賦予概念定義，與相關的實體及程序規範。行政程序法第 150 條第 1 項規定：「本法所稱之法規命令，係指行政機關基於法律授權，對多數不特定人民就一般事項所作抽象之對外發生法律效果之規定。」第 159 條第 1 項規定：「本法所稱行政規則，係指上級機關對下級機關，或長官對屬官，依其權限或職權為規範機關內部秩序及運作，所為非直接對外發生法規範效力之一般、抽象之規定。」由這些定義已可得知，我國行政程序法所規定的法規命令及行政規則，明顯繼受自德國行政法的概念建構。不過，這是否已意味著：對我國法規命令與行政規則的理解，只要回歸參照德國相關學說與實務發展即可？根據本書的觀點，在行政程序法明確繼受德國此部分釋義學發展成果的同時，以下幾個可能的障礙或限制，值得我們特別留意：

　　第一，在行政強權的歷史背景長期以來的影響之下，所謂「依法行政」，與其說是我國行政法建制的基本精神，不如說是我國行政法學一直寄望達成，但從未在實務上普遍成為行政機關核心理念的目標。正是基於這樣的背景，我國行政法的發展，不僅似乎始終無法被單純理解為「國會支配」或「法律支配」，長期以來甚且承認「職權命令」這種德國行政法所沒有的「行政立法」類型。從這個角度看來，德國發展法規命令與行政規則背後的制度理念，能否一併完整說明我國行政程序法相關規定的立法精神，並非全無疑問。

　　第二，姑且不論制度理念，我國的中央政府體制，特別是九七修憲之後的中央政府體制，似乎也無法如同德國基本法所採的議會內閣制一般，順理成章地支

持一套以國會立法為法秩序運轉軸心的行政法架構。相反地，欲從德國議會內閣制的觀點，說明「行政部門的立法權」如何在我國憲法所構築權力分立的框架之下立足，需要一番完整而一貫的論理功夫。

第三，儘管行政程序法之相關規定，足以作為我國法規命令與行政規則最主要的規範依據，但是，整部行政程序法的規範邏輯，卻不完全以德國行政程序法為繼受指標。如所周知，我國行政程序法中關於法規命令訂定程序的規定，係受到美國行政法重視行政決定程序控制機制的影響。由此觀之，單從德國行政法釋義學的相關發展，似乎也無法一窺法規命令與行政規則於我國行政法體系中規範定位的全貌。

綜上所述，本書第三章的論述重點，就在於檢視：基於以上這三個要素對於繼受德國法制的影響，作為行政立法權之展現的「行政命令」，其規範內涵、規範定位與制度功能，在我國權力分立架構之下，究應如何理解。據此，我們一方面必須關注德國的法秩序傳統，在我國行政法體系建立的過程中，扮演什麼樣的角色，帶來何等深遠的影響；另一方面，我們也必須留意：我國相關思想背景與制度條件，如何限制對德國法的繼受。唯有這樣，我們才能完整瞭解我國行政命令體系蘊含「法規命令」、「行政規則」與「職權命令」這個三分結構的意義何在。

第 1 節　德國法秩序傳統對我國憲法與行政法體系的影響

一、法治國與民主理念的薰陶

法治國與民主理念在臺灣公法學界的蓬勃發展，與留學海外學者在回國之後大力引進西方世界的法學思潮，顯然有直接的關連。隨著 80 年代以降政治的民主化，至遲自 90 年代起，法治國與民主這兩個基本思想，便持續支配我國公法學的主流發展❶。值得注意的是，由於這段時期許多具有

❶　例可參考李建良，〈民主政治的建構基礎及其難題——以「多元主義」理論為主軸〉，《憲法理

學術與實務影響力的重要學者，過去均留學德國，受到德國公法思潮的直接啟發，因此，在臺灣公法學界生根、茁壯的「法治國」與「民主」，其具體內涵也大抵繼受自德國。在這樣的背景之下，「法治國」與「民主」的概念，一般而言皆以「議會民主」、「議會支配」為前提，被加以理解與詮釋，也就是承襲德國議會民主的思想傳統，認定在權力分立的制度結構當中，應由直接代表人民的國會，作為整體國家法秩序的領導核心。從而，面對立法與行政兩權的關係，臺灣公法學界的主流觀點，向來也是從「法律支配」的角度出發，除了從法治國權利保護與民主的觀點，確立「立法」相對於「行政」的優越地位之外，更進一步在此基礎之上，建構並持續發展「法律保留」、「重要性理論」、「授權明確性」、「不確定法律概念 vs. 裁量」、「判斷餘地」等等來自德國公法釋義學的重要概念成果。由此已可得知，立法與行政之間的權限分際問題，在臺灣公法學界大舉繼受德國法中「法治國」與「民主」精神的脈絡之下，在在都是以「議會支配」的前提被加以呈現，行政命令因此也不例外。前面所提到的「授權明確性」原則，便是最好的例子❷。總體而言，受到德國法秩序「法治國」與「民主」兩大基本預設的影響，臺灣立法與行政兩權的互動，往往是被以「立法優於行政」這種「上下關係」的方式來理解❸。從而，對臺灣而言，行政命令是

論與實踐㈠》，頁 1–50，9（2003 年二版）；許宗典，〈法治國〉，《月旦法學教室》，第 7 期，頁 40–44，40（2003 年）；陳春生，《憲法》，頁 42–48（2003 年）；吳庚，《憲法的解釋與適用》，頁 40–64（2004 年三版）；許育典，〈民主共和國〉，《月旦法學教室》，第 9 期，頁 32–36，35–36（2003 年）；蔡宗珍，〈國民主權於憲政國家之具體結構與相關問題之檢討〉，《憲法與國家㈠》，頁 47–66，59–63（2004 年）；陳敏，《行政法總論》，頁 159–160（2004 年四版）；程明修，《國家法講義㈠——憲法基礎理論與國家組織》，頁 155–156（2006 年）；許育典，《憲法》，頁 58–59（2006 年）。

❷ 例可參見司法院大法官釋字第 313、367、390、394、402、426、443、522、524、538、547、604、612 等號解釋；相關文獻可參考釋字第 612 號解釋許玉秀大法官不同意見書；釋字第 612 號解釋彭鳳至、徐璧湖大法官協同意見書；釋字第 604 號解釋許宗力大法官協同意見書；許宗力，〈行政命令授權明確性問題之研究〉，《國立臺灣大學法學論叢》，第 19 卷第 2 期，頁 51–90（1990 年）；許宗力，〈行政命令授權明確性問題之研究〉，《法與國家權力》，頁 215–268，218–225（1999 年）；許宗力，〈論國會對行政命令之監督〉，《法與國家權力》，頁 269–300，272–274（1999 年）；吳庚，《憲法的解釋與適用》，頁 171–173（2004 年三版）。

❸ 換句話說，單憑對德國法的高濃度繼受，臺灣公法學界自始便不可能如同美國憲法所架構的權

否許可，以及如何賦予制度規範等問題，在德國法的影響之下，自然而然地同樣必須從「如何確保行政命令不違反法律的拘束與控制」這個角度來回答。

二、法治國與民主理念的本土化限制

如前所述，臺灣公法學界長期以來，大抵上始終以落實法治國與民主為核心訴求，也忠實承繼了德國法秩序中「議會支配」的傳統。不過，在繼受德國法的背景之下，強調「議會支配」，能否即等同於「信任議會」，事實上仍有疑問。如果關照我國過去長期的戒嚴背景，以及在此背景之下，改選前的立法院長久被視為「橡皮圖章」的負面形象❹，我們便不難發現，德國法治國民主的傳統之下所預設對於議會的信任基礎，在臺灣社會當中恐怕並不存在。更精確地說，儘管在特定的歷史情境之下，臺灣社會曾經多次展現出對於議會「代表人民對抗公權力」的角色高度的期待❺；但是總體而言，針對作為「民意代表」的議會，是否真能「代表民意」，甚至基於「代表民意」而「捍衛人民權利」的問題，社會上的共識似乎不強。由於我國立法院在擺脫「橡皮圖章」的色彩之後，又接連染上暴力、利益糾葛與不理性的形象，因此，立法者所制定的「法律」，在制度功能上經常面對無法贏得社會公信力的窘境，也就不難想見。基於這樣的背景，法治國

力分立機制一般，用「立法與行政彼此分立而制衡」這種「區分管轄權限」的「平行關係」，來詮釋國會和行政部門之間的互動。對於德國法與美國法在這一點上的差異，可參考黃舒芃，〈法律保留原則在德國法秩序下的意涵與特徵〉，《民主國家的憲法及其守護者》，頁 7-53，33-38（2009 年）。

❹ 相關文獻可參考楊與齡，〈大法官第二六一號解釋與我國憲政發展——「萬年國會」的形成與終結〉，《憲政時代》，第 23 卷第 3 期，頁 3-21（1998 年）；王泰升、薛化元，〈臺灣法律事件百選〉，《月旦法學雜誌》，第 100 期，頁 209-274，254-255（2003 年）；王泰升，〈臺灣法律史：第一講——土地、人民、法律與歷史〉，《月旦法學教室》，第 13 期，頁 105-114（2003 年）；王泰升，〈臺灣近代憲政文化的形成：以文本分析為中心〉，《國立臺灣大學法學論叢》，第 36 卷第 3 期，頁 1-49（2007 年）。

❺ 對於議會「必須足以代表人民」的訴求，最明顯的例證之一，可回溯到 80 年代末期呼籲終結萬年國會的歷史場景。大法官釋字第 261 號解釋的作成，也清楚見證了這段歷史。

民主的思想脈絡之下所強調的「議會支配」或「法律支配」，在我國並沒有以社會對議會的信賴作為根基，反倒是需要透過法制的移植與建立，協助培養出社會對議會的信賴。從這個角度看來，強調「法律對行政的拘束」，一方面固然是我國行政法秩序長久以來不變的傳統與堅持；但在另一方面，這種「依法行政」的訴求，在臺灣恐怕迄今都仍欠缺足夠順理成章的社會條件給予支持。當前許多行政首長與官員口中的「依法行政」，之所以經常成為被輿論揶揄甚至批判的對象，或許恰可歸因於：不論是「法律」或者「行政」，都無法取得社會普遍的信賴。

第 2 節 我國現行憲政體制下的行政權

一、特殊的「行政強權」背景及其影響

　　從前述觀點看來，「法律」相對於「行政」的優越性與支配地位，在臺灣儘管有繼受自德國的法治國民主思想予以支撐，但是顯然並不能說明「法律 vs. 行政」二者關係的全貌。即使撇除社會現實條件不論，我國的憲政體制，同樣也沒有建立一套明確地以「議會支配」為運作基調的系統。從歷史背景的角度來看，儘管我國憲法直到九七修憲之前，大抵上被視為係採取偏向內閣制的中央政府體制❻；但是，在過去長時間處於戒嚴的影響之下，一方面，國家安全的宣稱凌駕於一切之上，憲法對個人基本權利的保障淪為空談，另一方面，所謂以內閣制為基礎的權力分立結構，也被實際上由行政主宰一切的威權系統所取代。基於這層影響深遠的歷史背景，我們不難想見，單憑「內閣制」的憲法形式，並不足以支撐「議會支配」的理想架構。在行政強權之下，立法院形同行政部門底下的「立法局」，法院也理所當然為行政意志的貫徹而服務。如此一來，過去長期的「憲政現實」，自然無法與學理上對於法治國與民主的訴求相互輝映。

二、行政與立法兩權在我國現行中央政府體制中的關係

　　隨著 80 年代末期之後政治的民主化，「行政強權」的歷史傳統終於漸漸褪色，取而代之的是對於人權保障與權力分立更清楚而堅強的意識。自

---

❻　例可參見曾建元，〈論臺灣修憲與選舉政治〉，《律師雜誌》，第 268 期，頁 77–99（2002 年）；李惠宗，《憲法要義》，頁 425–442（2006 年三版）；陳新民，《憲法學釋論》，頁 427–431（2008 年六版）；林子儀、葉俊榮、黃昭元、張文貞，《憲法：權力分立》，頁 161–172（2008 年二版）。

從大法官釋字第 261 號解釋終結萬年國會，促使民意代表能透過定期改選反映民意以來，「行政對立法負責」的（修憲前）憲法意旨，不但越來越在政治現實上獲得體現，更透過訴求議會支配、法律支配的學理建構，得到規範上的鞏固。例如在釋字第 387 號解釋中，大法官即明確闡述:「依憲法第五十七條規定行政院應對立法院負責。民主政治以民意政治及責任政治為重要內涵；現代法治國家組織政府、推行政務，應以民意為基礎，始具正當性。從而立法委員因任期屆滿而改選時，推行政務之最高行政機關為因應最新民意，自應重新改組，方符民主政治之意旨」，強調立法院作為民意機關在憲法上的優勢地位。不過，「行政強權」色彩的淡化，並不意味著（九七修憲之前）行政與立法兩權的關係，就此回歸傳統內閣制。毋寧，戒嚴時期的「行政強權」形象，儘管飽受後世批判，但同時似乎也培養出臺灣社會對於行政「領導者」的高度期待。1994 年確認總統改為直接民選的修憲工程，無疑清楚反映出「總統」作為行政領導人，在臺灣政治運作中所扮演的重要角色。至此已可看出，儘管放眼各國政治體制，總統直接民選，未必等同於總統掌握政治實權，更不表示行政與立法兩權的關係已偏離內閣制❼。然而，對臺灣的政治生態而言，總統似乎從來不曾是一個「虛位」元首，反而始終都具有舉足輕重的影響力。若從這個觀點出發，我們可以說，在臺灣，總統改為人民直選，絕不僅止於現實制度上的調整，而是具有更進一步規範上的意義，說明我國中央政府體制，已正式步入「行政」與「立法」各自擁有一定民意基礎與民主正當性的「雙元民主」結構。

在這樣的基礎之上，1997 年的修憲內容，更進一步確立了「行政」與「立法」彼此分立制衡的局面。由於立法院的閣揆同意權被取消，行政院院長的任命權專屬於總統，因此，儘管「行政院對立法院負責」的基本結構不變，但是，具有直接民意基礎的總統，由於掌握決定國安大政方針的行政實權，以及對行政院院長的人事任命權，很難想像其於行政院與立法

❼ 如同許多文獻已指出的，從世界各國的經驗看來，奧地利、愛爾蘭、冰島、新加坡與葡萄牙都是內閣制國家，但其總統也都是由人民直選產生。對此例可參見蘇子喬，〈從當前憲政體制的論辯釐清我國九七憲改後中央政府體制的定位〉，《憲政時代》，第 25 卷第 2 期，頁 96–112，99（1999 年）; 陳新民，《憲法學釋論》，頁 433（2008 年六版）。

院的互動當中，毫無置喙餘地或影響空間。如此看來，要將我國九七修憲之後的中央政府體制，單純解讀為崇尚議會支配與法律優位的內閣制❽，恐怕會有困難。另一方面，有鑑於在保留「行政院對立法院負責」，以及確立「總統擁有部分行政實權」這個明顯將行政權分割給總統與行政院院長的結構之下，行政權仍然局部從屬於「議會支配」的格局，若把現行的中央政府體制直接理解為總統制，似乎也無法充分說明行政與立法彼此之間複雜的互動關係❾。從這個觀察角度而言，儘管「雙首長制」的定位，在實際上，並不能預先從理論層次清楚描繪總統、行政院院長與立法院之間的權力制衡模式，但在一定程度上，應該還是最能夠凸顯我國現行中央政府體制特色的一種稱謂❿。至於在此「雙首長制」的定性之下，究竟容有多少「議會支配」、「法律支配」的空間，則是我國憲法與行政法體系接下來必須面對的一大課題，也是理解我國「行政命令」相關規範之前，必須先行釐清的問題。

❽ 對我國中央政府體制持「內閣制」見解者，例如：陳新民，《憲法學釋論》，頁 427–437（2008年六版）。儘管論述內容中多次提及我國憲政實務中的總統絕非虛位元首，陳教授仍明確於第 430 頁，註 21 中提及：「即使大法官在大幅度承認總統享有機密特權的釋字第 627 號解釋理由書中，也坦承『我國總統制度雖歷經多次修憲，然就現行憲法觀之，總統仍僅享有憲法及增修條文所列舉之權限，而行政權仍依憲法第 53 條規定，概括授與行政院。』可知我國政制依此解釋之意仍偏向內閣制也。」

❾ 對我國中央政府體制持「總統制」見解者，例如：湯德宗，〈論九七修憲後的憲法結構——憲改工程的另類選擇〉，《權力分立新論——卷一：憲法結構與動態平衡》，頁 1–58，36–45（2005年三版）；董翔飛，〈從修憲到釋憲看我國憲政體制之變遷與成長〉，司法院大法官書記處編輯，《司法院大法官釋憲五十週年紀念論文集》，頁 437–466（1998 年）；齊光裕，《中華民國的憲政發展：民國卅十八年以來的憲法變遷》，頁 323（1998 年）。

❿ 「雙首長制」可謂我國法學界觀察九七修憲後中央政府體制的通說見解。例可參見林子儀、葉俊榮、黃昭元、張文貞，《憲法：權力分立》，頁 157、290–291（2003 年）；法治斌、董保城，《憲法新論》，頁 302–310（2006 年三版）；許志雄，〈立法與行政的分際〉，李鴻禧主編，《台灣憲法之縱剖橫切》，頁 269–300，294（2002 年）；黃錦堂，〈我國中央政府體制的現況與展望〉，《月旦法學雜誌》，第 108 期，頁 9–19，9–10（2004 年）；李仁淼，〈以制定臺灣新憲法為前提，思考我國中央政府組織中「行政權」定位問題〉，《月旦法學雜誌》，第 108 期，頁 20–36，27–30（2004 年）；黃昭元，〈九七修憲後我國中央政府體制的評估〉，《國立臺灣大學法學論叢》，第 27 卷第 2 期，頁 183–216（1998 年）；許宗力，〈發現「雙首長制」〉，陳隆志主編，《新世紀新憲政：憲政研討會論文集》，頁 184–196，187 以下（2002 年）。

第 3 節　「繼受」與「本土」文化交織而成的「行政命令」概念

一、我國行政命令規範體系的特色

　　綜合以上的觀察與分析可以得知，在我國，立法與行政兩權的關係，在「公法學說理論」以及「中央政府體制」兩套系絡當中，其實是各自建立起獨立的運作邏輯與分析架構。如前所述，我國憲法與行政法體系基於對德國法的高密度繼受，明顯以「法律支配」為核心訴求，也因此強調國會對行政決定的實體規範控制。然而，這樣的訴求與我國的憲政實務運作，顯然有所扞格。因為，我國不僅在傳統上，不曾培養出對國會充分的信任基礎，在憲法架構上，更選擇讓立法與行政兩權，擁有兩相抗衡與制衡的制度空間，以求「民主政治」與「民意政治」能透過立法與行政彼此的牽制，得到真正的實現。如此一來必須追問的是：在現行中央政府體制之下，「行政部門的立法權」，也就是行政命令，到底處於何種定位？又應該給予什麼樣的監督與控制？面對這個問題，自然必須從觀察我國行政命令規範體系的幾個基本特色出發：

㈠「法律支配」的中心思想

　　不可諱言，儘管不論社會現實或政治現實，都不完全支持國會至上的制度構想，但是在高舉「法治國」與「民主」旗幟的背景下建構成形的我國行政法體系，確實完整接納了德國法傳統中「法律中心」的法秩序理念。長期發展的結果，從「依法行政」開展而來的行政法，理所當然地講求法律優越與法律保留，而行政部門的命令制定權限，也因此被認為如同德國法一般，原則上必須在法律明確授權的前提之下，才有討論與贏得憲法上正當性的空間。早在釋字第 313 號解釋中，大法官即已指出：「對人民違反

行政法上義務之行為科處罰鍰，涉及人民權利之限制，其處罰之構成要件及數額，應由法律定之。若法律就其構成要件，授權以命令為補充規定者，授權之內容及範圍應具體明確，然後據以發布命令，始符合憲法第二十三條以法律限制人民權利之意旨。」其後之釋字第 367 號解釋，更進一步明確而完整地闡示判斷法律授權明確與否之要件：「法律之內容不能鉅細靡遺，立法機關自得授權行政機關發布命令為補充規定。如法律之授權涉及限制人民自由權利者，其授權之目的、範圍及內容符合具體明確之條件時，亦為憲法之所許。」由此可知，儘管我國未如德國一般，將授權明確性的要求，直接規定在憲法當中，但藉由大法官解釋的繼受，「授權明確性」顯已構成法律保留原則之下，規範行政機關命令制定權限最重要的合憲性條件。而從這裡也可以看出，基於（一如德國地）強調法律對行政決定的內容指揮與支配，我國的行政命令體系，自然也接受了德國行政法秩序對於行政立法權的行使所發生「對內」或「對外」法律效果的區分，也就是「行政規則」與「法規命令」的區分。我國行政程序法第 150–162 條之規定，即是忠實承繼了德國行政法秩序下的這個區分。在此區分之下，「行政規則」因原則上僅對行政機關內部發生法律效果，因此所受到法律規範拘束的要求程度較低；反之，行政立法權的行使一旦造就對外發生法律效果的「法規命令」，其實體內容就因為造成對人民直接的影響，而必須受到法律保留、授權明確性等基本原則的嚴格監控，方才符合法治國與民主的要求（詳見本書以下第三章、第 3 節、二、㈠法規命令、㈡行政規則）。

㈡「二分法」與「三分法」的爭議

儘管行政程序法已明確採納德國法對於法規命令與行政規則的區分，但如前所述，由於不論在實際的政治生活層面，或者我國九七修憲之後的憲法所鋪陳的中央政府體制架構，都不是單純從「國會（法律）對行政具有支配權力」的角度，來詮釋立法與行政兩權的關係，因此可想而知，對於行政機關是否、以及在何等條件之下，享有命令制定權的問題，單憑「法規命令」與「行政規則」這種立基於嚴格法律支配思想的二分模式，恐怕

並不能窮盡我國「行政立法權」的所有類型。究其實際，在我國行政強權的傳統，以及九七修憲之後所確立的權力分立體制影響之下，行政權的地位，顯然並不僅止於「依附」立法權。這樣的背景因此衍生出一個我國行政法體系當中必須解決的特殊問題：行政機關可否在沒有法律授權的前提之下，單依職權而訂定對外發生法律效果的命令？這便涉及我國行政命令體系所謂「二分法（將行政命令二分為法規命令與行政規則）」或「三分法（將行政命令三分為法規命令、行政規則與職權命令）」的爭議。有鑑於這種「職權命令」在我國行政實務上一直存在，然而不論學界繼受自德國的法治國與民主理念，或者行政程序法的明文規定，似乎都未容有納入「職權命令」的空間，因此，「職權命令」的合憲性問題，以及可能合憲存在的範疇，也在我國學說與實務於某程度上處於分裂狀態的發展脈絡之下，構成我國行政法秩序的特色與難題（詳見本書以下第三章、第 3 節、二、㈢職權命令）。

㈢美國行政程序法的影響

除了前述德國學理基礎的薰陶，以及我國憲法與行政法實務運作的傳統與發展情形之外，從行政程序法的相關規定當中，可以進一步看到第三個要素，也就是美國行政程序法，對我國行政命令規範體系構成模式的影響，而這一點也更進一步凸顯出我國行政命令規範體系的特色。倘若單純根據德國法秩序「議會支配」的思考與運作邏輯，對於行政命令的規範控制，首先必須注意的，當然是行政決定之內涵，亦即行政命令的實體內容，是否合乎法律的授權，服從法律意旨的控制。不過，在美國行政法秩序當中，由於立法與行政基於分別執掌一定的「勢力範圍」，處於一種平行分立並相互制衡的關係❶，因此一方面，立法對行政命令的「授權」，並不像德

---

❶　參見黃昭元，〈美國總統與國會的權力平衡——分離又分享的伙伴關係〉，《當代》，第 161 期，頁 10–25（2001 年）; Louis Fisher, Constitutional Conflicts between Congress and the President 6–12 (4th ed. 1997). 關於美國立法與行政這項權力分立的特色，另參見 Oliver Lepsius, Verwaltungsrecht unter dem Common Law: amerikanische Entwicklungen bis zum New Deal, 1997, S. 194 f.; Cynthia R. Farina, Statutory Interpretation and the

國法一般，被理解為立法權的「下放」，而毋寧被認為是被授權事務「管轄權移轉」的宣告❷；另一方面，也正因為如此，所以針對行政命令規範控制的課題，在美國法背景之下，並非如德國著眼於「立法意旨是否在行政命令中被貫徹」的「實體控制」，而是著眼於「行政命令的訂定過程是否遵循法定法則」的「程序控制」❸。從這個角度看來，我國行政程序法開放人民參與法規命令制定過程的相關規定，不僅體現了我國行政法秩序在憲法肯認多元民主實現管道的架構之下，對民眾參與行政決策亦採開放態度的立場❹，更凸顯出美國行政法偏重「程序控制」的理念，對我國法規命令

Balance of Power in the Administrative State, 89 COLUM. L. REV. 452, 497–498 (1989). 此外並可參照美國聯邦最高法院的闡示：Mistretta v. United States, 488 U.S. 361 (1989): "We long have insisted that "the integrity and maintenance of the system of government ordained by the Constitution mandate that Congress generally cannot delegate its legislative power to another Branch. We also have recognized, however, that the separation-of-powers principle, and the nondelegation doctrine in particular, do not prevent Congress from obtaining the assistance of its coordinate Branches." Morrison v. Olson, 487 U.S. 654 (1988): "On the other hand, we have never held that the Constitution requires that the three branches of Government "operate with absolute independence."

❷ 亦可參見黃舒芃，〈法律保留原則在德國法秩序下的意涵與特徵〉，《民主國家的憲法及其守護者》，頁 7–53, 29–34（2009 年）。當然，我們可以説，廣泛授權在規範上依然存在違反嚴格權力分立要求的問題，因為它涉及的其實就是立法權的讓渡；不過，權力分立本身畢竟無法自成目的。如果同意美國憲法規定權力之間分立制衡（並且實際上也同時進行分工合作）到最後終究必須能夠協助民主理想的落實，那麼廣泛授權在美國仍然可以有在規範層次被接受的空間，因為美國實現民主的管道是相對多元的，從而廣泛授權並不至於帶來行政決定喪失民主控制的後果。也正因為如此，所以美國許多學者反而基於「授權行政部門決定反而更容易促進民主實現」的理由，支持廣泛概括授權。對此參見 Peter H. Schuck, *Delegation and Democracy: Comments on David Schoenbrod*, 20 CARDOZO L. REV. 775, 781–782 (1998–1999); JERRY L. MASHAW, GREED, CHAOS, AND GOVERNANCE: USING PUBLIC CHOICE TO IMPROVE PUBLIC LAW 131–157 (1997). 並可參見 Lisa Schultz Bressman, *Schechter Poultry at the Millenium: A Delegation Doctrine for the Administrative State*, 109 YALE L. J. 1399, 1415, 1431–1442 (2000).

❸ 對此詳見 Peter H. Schuck, *Delegation and Democracy: Comments on David Schoenbrod*, 20 CARDOZO L. REV. 775, 781 (1998–1999); Richard B. Stewart, *The Reformation of American Administrative Law*, 88 HARV. L. REV. 1667, 1760–1790 (1975); *Fritz Wilhelm Scharpf*, Die politischen Kosten des Rechtsstaats. Eine vergleichende Studie der deutschen und amerikanischen Verwaltungskontrollen, 1970, S. 14–25（與德國之比較可進一步參見 S. 38–52）。

規範體系所構成的影響（詳見本書以下第三章、第 3 節、二、㈠法規命令）。

二、我國行政法秩序框架底下的法規命令、行政規則與職權命令

　　根據以上對於我國行政命令體系特色的簡短說明，本節內容將著重在介紹「法規命令」、「行政規則」與「職權命令」這三個一般被認為歸屬於行政命令概念的規範類型，各自在行政實務上，扮演什麼樣的角色，肩負何等制度功能，又受到法律何種程度與方式的拘束。

⓮ 如果單純從德國基本法秩序的角度出發，在德國議會民主的結構之下，由於民意的傳輸原則上只能透過國會，亦即在人民選出代表其民意的國會議員之後，「民主」原則上只能在國會的公開議事程序中落實，「民意」也只能在立法過程中被探知，因此，行政決策過程中的人民參與，從傳統觀點看來，不但不必然具有提升民主的意義，甚且還有可能因為容許特定利益「親近」行政決策，讓這些特定利益，藉此享有「再一次」參與政策形成過程的機會，而違反議會民主要求讓人民（透過選舉）平等參與公權力決策的精神。關於德國議會民主的這個面向，可參見黃舒芃，《行政權力管理醫療體制的民主正當性基礎——以台灣全民健保制度為中心》，國立臺灣大學法律學研究所碩士論文，頁 119–123（1999 年）。更進一步來說，德國基本法所構築的「議會民主」，除了支持國會在民主實踐過程中的核心角色，也連帶使得國會以外的民意傳輸路徑所彰顯的民主意涵究竟為何，成為一個有爭議的問題。對此參見 *Eberhard Schmidt-Aßmann*, Das allgemeine Verwaltungsrecht als Ordnungsidee: Grundlagen und Aufgaben der verwaltungsrechtlichen Systembildung, 2. Aufl., 2006, S. 89 ff., 104 ff.; *Ernst-Wolfgang Böckenförde*, Demokratie als Verfassungsprinzip, in: Josef Isensee/Paul Kirchhof (Hrsg.), HStR II, 3. Aufl., 2004, § 24, Rn. 16 ff., 42 ff.; *Peter Krause*, Verfassungsrechtliche Möglichkeiten unmittelbarer Demokratie, in: Josef Isensee/Paul Kirchhof (Hrsg.), HStR III, 3. Aufl., 2005, § 35, Rn. 14 ff., 45 ff.; *Hasso Hofmann*, Bundestaatliche Spaltung des Demorkratiebegriffs?, in: ders., Verfassunsrechtliche Perspektiven: Aufsätze aus Jahren 1980–1994, 1995, S. 146 ff., 148–153. 不過，由於我國現行憲法已藉由總統直接民選，開放多元的民意傳輸路徑，再加上既有的憲政文化也明顯支持一套積極的參政權理念，例如在選舉、罷免之外，尚賦予人民創制、複決等基本權利，因此，認為「民眾參與行政決策恐將威脅民主」的看法，在我國似乎反而不容易得到支持，而這也提供了行政程序法開放人民參與法規命令訂定程序的制度基礎。對此亦可參見湯德宗，〈論行政程序法的立法目的〉，《行政程序法論：論正當行政程序》，頁 51–84, 54（2005 年二版）。湯德宗教授於此指出，行政程序法所規定「告知」、「聽證」等程序，將有助於體現「參與民主」。

㈠法規命令

1. 概念定義

「法規命令」的概念，承襲自德國公法上所稱之 Rechtsverordnung 一詞，係指行政機關基於法律的授權，所訂定之對外發生法律效果，亦即以人民為對象的一般性規範。在德國基本法秩序追求行政全面法治化(Verrechtlichung) 的背景底下，行政機關訂定發生對外效果的命令，需經法律授權，乃是自明之理；然而，由於我國的行政實務在過去仰仗行政強權的傳統，每每依行政機關本身的職權，即制定前述所謂「職權命令」，因此，針對需經法律授權的「法規命令」，學界有時亦稱之為「授權命令」，以與（毋須經由法律授權的）「職權命令」相區隔。

我國行政程序法第 150 條第 1 項規定：「本法所稱法規命令，係指行政機關基於法律授權，對多數不特定人民就一般事項所作抽象之對外發生法律效果之規定。」根據這項規定可知，在我國行政命令體系當中，「法規命令」一如德國的 Rechtsverordnung，在概念定義上最重要的特色，一是立基於法律之「授權」，二是針對抽象、一般，涉及多數不特定人民之事務所為，三是對外發生法律效果。如前所述，由於我國行政法學界承襲德國法的精神，即使在憲政體制、憲政文化與行政實務均與德國不甚相符的背景下，仍大力且長期地強調國會法律對行政決定的支配，從而將法律優越、法律保留等「依法行政」原則，引進成為我國行政法的基本原理原則❶，因此，德國基本法對於法規命令應以法律授權為依據的要求，自然也成為主導我

---

❶ 關於「依法行政原則」在我國行政法體系中的具體內涵，詳見城仲模，《行政法之基礎理論》，頁 3–16（1988 年五版）；張永明，《行政法》，頁 31–50（2001 年）；陳慈陽，《行政法總論：基本原理、行政程序及行政行為》，頁 83–106（2001 年）；李震山，《行政法導論》，頁 39–57（2003 年五版）；陳敏，《行政法總論》，頁 153–162（2004 年四版）；黃俊杰，《行政法》，頁 60–73（2005 年）；陳新民，《行政法學總論》，頁 81–85（2005 年八版）；陳清秀，〈第四章：依法行政與法律的適用〉，翁岳生主編，《行政法（上）》，頁 145–220（2006 年三版）；吳志光，《行政法》，頁 35–49（2006 年）；吳庚，《行政法之理論與實用》，頁 84（2008 年十版二刷）。

國法規命令規範體系的核心理念。大法官釋字第 443 號解釋理由書即明白指出：「憲法第七條、第九條至第十八條、第二十一條及第二十二條之各種自由及權利……，得以法律限制之。至何種事項應以法律直接規範或得委由命令予以規定，與所謂規範密度有關，應視規範對象、內容或法益本身及其所受限制之輕重而容許合理之差異：諸如剝奪人民生命或限制人民身體自由者，必須遵守罪刑法定主義，以制定法律之方式為之；涉及人民其他自由權利之限制者，亦應由法律加以規定，如以法律授權主管機關發布命令為補充規定時，其授權應符合具體明確之原則……。」這段言簡意賅的闡釋，一方面說明了我國承繼德國將「法律保留」連結至「由國會來實現人權保障」的法治國傳統，從而凸顯「法規命令」應受議會支配背後所蘊含基本權利保護的意旨；另一方面，也清楚呈現出「法規命令」在法階層體系中所承擔的「法制定」任務，係為補充國會立法之不足，從而其內容必須受到國會立法授權下的約束。由此已可得知，從法規命令的規範角度而言，行政機關的命令制定權限，勢必受制於立法機關的支配。所以，法規命令的合法性，理所當然必須建立在法律授權的基礎上。

2. 合法性要件

　　針對法規命令的合法性要件，行政程序法首先於第 150 條第 2 項規定：「法規命令之內容應明列其法律授權之依據，並不得逾越法律授權之範圍與立法精神。」如前所述，這項規定在繼受德國法制的背景之下，清楚闡示法律授權為法規命令所劃下的形式與實質界限。更具體地說，根據「授權明確性」的要求，除了授權法律本身的授權目的、內容與範圍，必須具體明確之外，法規命令的內容，自然也不能逾越法律明確授權所賦予的界限。不過，有鑑於此等授權明確性要件彼此之間難以清楚切割與獨立觀察，大法官解釋闡示：「若立法機關以法律授權行政機關發布命令為補充規定時，其授權之內容、目的、範圍應具體明確，命令之內容並應符合母法授權意旨。至授權條款之明確程度，不應拘泥於法條所用之文字，而應由法律整體解釋認定，或依其整體規定所表明之關聯意義為判斷。」❻足見根據大法

官的觀點，法規命令是否逾越法律授權之判斷，須衡諸授權法律之整體規範意旨。在這樣的認定標準之下，法規命令的內容不至於過分嚴格地受制於法律規範本身的內容，而可以運用法律授權所賦予行政機關的彈性，更致力於個案正義的追求，與法律整體規範目的的實現。除此之外，在釋字第680號解釋當中，大法官針對授權明確性原則，是否因所涉事務類型的不同，而衍生對於系爭法律授權不同的「明確」程度要求的問題，也於解釋理由書中有進一步的闡述：「立法機關以委任立法之方式，授權行政機關發布命令，以為法律之補充，雖為憲法所許，惟其授權之目的、內容及範圍應具體明確。至於授權條款之明確程度，則應與所授權訂定之法規命令對人民權利之影響相稱。刑罰法規關係人民生命、自由及財產權益至鉅，自應依循罪刑法定原則，以制定法律之方式規定之。法律授權主管機關發布命令為補充規定時，須自授權之法律規定中得預見其行為之可罰，其授權始為明確，方符刑罰明確性原則（本院釋字第五二二號解釋參照）。其由授權之母法整體觀察，已足使人民預見行為有受處罰之可能，即與得預見行為可罰之意旨無違，不以確信其行為之可罰為必要。懲治走私條例第二條第一項所科處之刑罰，對人民之自由及財產權影響極為嚴重。然有關管制物品之項目及數額等犯罪構成要件內容，同條第三項則全部委由行政院公告之，既未規定為何種目的而為管制，亦未指明於公告管制物品項目及數額時應考量之因素，且授權之母法亦乏其他可據以推論相關事項之規定可稽，必須從行政院訂定公告之『管制物品項目及其數額』中，始能知悉可罰行為之內容，另縱由懲治走私條例整體觀察，亦無從預見私運何種物品達何等數額將因公告而有受處罰之可能，自屬授權不明確，而與上述憲法保障人民權利之意旨不符。」

關於法規命令須有法律具體明確之授權為依據，下列行政法院判例足資參照：

【最高行政法院判例】

裁判字號：56年判字第98號

---

❶ 大法官釋字第676號解釋理由書參照。

裁判日期: 民國 56 年 04 月 18 日

要　　旨

　　財政部四〇、四、十四台財錢發字第三〇二〇號代電末段規定，凡在船機上查獲未經申報登記封存之金銀外幣，即視為私運出口，由海關依法沒收等語。按其內容，固為防止船機服務人員取巧私運金銀外幣出口而設，但如不問有無私運出口情事，僅以欠缺申報登記封存之手續，概將船機服務人員在船機上存放之金銀外幣，一律視為私運出口，予以沒收，亦非該項代電原旨係在防止取巧私運出口之本旨，此觀原令「依法」二字，可知其沒收仍應有法律之依據。按財政部上開代電，既非依照「戡亂時期依國家總動員法頒發法規命令辦法」第一項規定，由該部擬定草案，呈由行政院依照「動員戡亂完成實施憲政綱要」之規定，統一發布之動員命令，而謂違反之者應構成犯罪行為（亦非應由被告官署海關處罰），更不能認該項代電與法律有同等之效力。被告官署自不能單純根據此項行政命令，遽予沒收人民之財產。本原告所有之該項美鈔，係存放於其船上臥室衣櫃內，被告官署既不能證明該項美鈔係原告自岸上攜至船上，或係攜帶登岸後又攜返船上，則該項美鈔當祇能認係原告始終放置船上繼續持有之狀態。縱屬在結關後查獲，亦不能以籠統猜測之詞，推想此項美鈔係台灣之物資而私運出口，亦即當難認其有海關緝私條例第二十一條第一項規定之行政犯行為。原處分遽予沒收，於法難謂有據。

理　　由

　　本件原告係台隆輪船員，在其臥室衣櫃內置有美鈔一百元，於該輪停泊碼頭結關後尚未駛往日本前，經被告官署會同臺灣警備總司令部高雄港區檢查人員查出，報由被告官署處分沒收。按原處分之根據，係財政部（四九）四、十四、台財錢發字第三〇二〇號代電之規定，其原文略謂，船機服務人員不得攜帶金銀外幣出境，其原持有之金銀外幣，應於入境時申報海關登記封存於原船機上，於出境時查驗啟封，其欲攜帶上岸者，可隨時申請海關驗放，不得再行登記封存，海關為嚴格防止船機服務人員私運金銀外幣出口，應於船機結關未開船前嚴密檢查，凡在船機上查獲未經申報登記封存之金銀外幣，即視為私運出口，由海關依法沒收等語。按其內容，固為防止船機服務人員取巧私運金銀外幣出口而設，但

如不問有無私運出口情事，僅以欠缺申報登記封存之手續，概將該項服務人員在船機上存放之金銀外幣，一律視為私運出口，予以沒收，亦非該項代電原旨係在防止取巧私運出口之本意。（參照本院四十六年判字第七十八號判例）此觀原令「依法」二字，可知其沒收仍應有法律之依據。按財政部前開代電，既非依照戡亂時期依國家總動員法頒發法規命令辦法第一項規定，由該部擬定草案，呈由行政院依照動員戡亂完成實施憲政綱要之規定所統一發佈之動員命令，更不能認其與法律有同等之效力，被告官署自不得單純根據此項行政命令，遽予沒收人民之財產。本院為慎重起見，經於五十六年三月三十日以（五六）台院書三字第一二四九號通知被告官署聲復對原告私運美鈔被查獲沒收一案，有無證據足資證明其所有美鈔，係由臺灣岸上攜帶上船？或係攜帶登岸後又攜返船上？旋據被告官署於同年四月四日以關緝字第七五九六號函復稱，查原告於進口時未曾向關申報外幣登記封存，即無從證明案內外幣確係自國外攜運入境或自國外攜帶入境後未曾攜帶上岸，自難認為其非屬臺灣物資由原告私運出境云云。查本件原告所有之該項美鈔，係放置於其臥室衣櫃內，被告官署既不能證明該項美鈔係原告自岸上攜至船上，或係攜帶登岸後又攜返船上，則該項美鈔當係原告始終放置於船上繼續持有之狀態，縱屬在結關後查獲，亦不能遽以籠統之詞，推想此項美鈔係臺灣之物資而私運出口，亦即尚難認其有海關緝私條例第二十一條第一項規定之行政犯行為。原處分予以沒收，於法難謂有據，原決定未予糾正，亦有未合，應併予撤銷，以維持治。

　　據上論結，本件原告之訴為有理由。爰依行政訴訟法第二十三條前段，判決如主文。

　　再者，法規命令之制定除須有法律授權為其基礎外，亦不得逾越法律之授權範圍。以下所節錄之最高行政法院判決可資為證。

【最高行政法院判決】

裁判字號：97 年判字第 789 號

裁判日期：民國 97 年 08 月 14 日

再審原告　臺北縣政府

再審被告　歡樂宮電子遊戲場有限公司

　　上列當事人間違反電子遊戲場業管理條例事件，再審原告對於中華民國 96 年 9 月 13 日本院 96 年度判字第 1621 號判決，提起再審之訴，本院判決如下：

主　文

再審之訴駁回。

再審訴訟費用由再審原告負擔。

理　由

　　一、再審原告起訴主張：再審原告明定「電子遊戲場業之營業場所，應距離醫院、學校等 1,000 公尺以上」之公告，僅係商業區建築物及土地之使用限制之一，性質上核屬都市計畫法臺灣省施行細則第 17 條第 9 款「概括事由」之具體化，係對商業區建築物及土地使用之限制措施，故屬行政程序法第 92 條第 2 項前段之一般處分。而該施行細則第 17 條，係基於都市計畫法第 6 條所定地方政府之權限，故內政部依都市計畫法第 39 條及第 85 條規定，落實都市計畫法第 6 條之立法目的。又再審原告考量工商輔導及管理之自治環境需要，透過法位階高於自治條例之法規命令，公告商業區建築物及土地之使用限制，符合法律保留原則，並無違反地方制度法第 28 條第 2 款規定，且屬「電子遊戲場業管理條例」第 8 條第 1 款之法定限制條件，並無必以自治條例定之等情事。倘將前述公告均解為非以自治條例為之，則各地方政府目前所定之執行規定，將因此無效。另再審原告係依內政部所訂「都市計畫法臺灣省施行細則」第 17 條規定之授權，未逾管制商業區土地使用之目的公告系爭規定，符合前揭規定授權意旨，故原判決顯有判決不適用法規之錯誤等語，求為判決將原判決廢棄。

　　二、本院經核原確定判決並無適用法規顯有錯誤情事。查電子遊戲場業管理條例第 9 條第 1 項規定：「電子遊戲場業之營業場所，應距離國民中、小學、高中、職校、醫院 50 公尺以上。」上開規定之立法目的，乃鑑於電子遊藝場對於社會安寧會造成一定之影響，故明定其營業場所應距離對於環境安寧有著極高要求之學校，醫院 50 公尺以上。因其限制對於營業人營業自由之影響尚屬輕微，所定 50 公尺之限制，應解為係對電子遊戲營業場所設置之最低限制。又關於縣（市）工商輔導及管理，乃屬地方制度法第 19 條第 7 款第 3 目規定之縣（市）自治事項，依

同法第25條之規定，縣（市）本得就其自治事項，於不抵觸中央法律之前提下，自行制訂符合地域需要之自治法規，故縣（市）依其地方環境之需要，以自治法規另定較高之限制標準，難謂與電子遊戲場業管理條例第 9 條第 1 項之規定抵觸。惟關於創設、剝奪或限制地方自治團體居民之權利義務，應以自治條例定之，為地方制度法第28條第2款所明定。縣（市）政府依都市計畫法臺灣省施行細則第17條第9款之規定逕以公告限制申請設立電子遊戲場業者，須距離國民中、小學、高中、職校、醫院 1,000 公尺以上，自係對於人民營業權之限制，其未以自治條例為之，即與地方制度法第28條第2款之規定不合，其公告要非合法。此為本院最近一致之見解（本院94年11月份庭長法官聯席會議決議）。再電子遊戲場業管理條例第 8 條第 1 款所定：「電子遊戲場業營業場所應符合都市計畫法及都市土地使用分區管制」，此為對都市計畫有關事項之規定。至同法第9條關於電子遊戲場之營業場所須距離學校、醫院一定距離，乃鑑於學校與醫院對於環境安寧有較高之要求，此與都市計畫管制土地、建築物之使用，二者立法目的不同。又都市計畫法主管機關在中央為內政部，而電子遊戲場業管理條例主管機關在中央為經濟部，分別為都市計畫法第4條、電子遊戲場業管理條例第2條所定，二者主管機關不同，所規範之事項自屬有異。觀諸都市計畫法第6條規定：「直轄市及縣（市）（局）政府對於都市計畫範圍內之土地，得限制其使用人為妨礙都市計畫之使用。」及同法第39條規定：「對於都市計畫各使用區及特定專用區內土地及建築物之使用……等事項，……直轄市政府得依據地方實際狀況，於本法施行細則中作必要之規定。」可知都市計畫係對土地及建物分區使用加以限制，例如電子遊戲場必須設於商業區。而電子遊戲場業管理條例第9條規定之要件，則屬主管機關對電子遊戲場業之管理規定，非屬都市計畫法規範之範疇。該事項既非都市計畫法應規定之事項，則該法所授權訂之……施行細則，自不得就非屬母法規範之事項，逾越母法授權，對電子遊戲場應距離學校、醫院若干公尺，加以規定，上述施行細則對此所為規定，乃屬逾越權限而不得逕予適用（參見本院96年6月份庭長法官聯席會議決議）。準此，都市計畫法臺灣省施行細則，自不得就非屬母法規範之事項，逾越母法授權，再授權縣（市）對電子遊戲場應距離學校、醫院若干公尺，加以規定，其施行細則所為之授權規定，乃屬逾越授權範圍而無效。

再者，電子遊戲場業管理條例以法律明定對電子遊戲營業場所設置之最低限制為
50 公尺，而縣（市）政府僅依次法律位階之都市計畫法臺灣省施行細則第 17 條
第 9 款之規定還以公告限制申請設立電子遊戲場業者，須距離國民中、小學、高
中、職校、醫院 1,000 公尺以上，就規範密度而言，亦不相當，而有違反法律保
留之違法。再審原告主張其依內政部所訂都市計畫法臺灣省施行細則第 17 條規
定之授權公告系爭規定，符合授權意旨云云，並不可採。……。

　　除了法律「授權」這個核心指標以外，法規命令的形式合法性，尚須
繫於其他程序條件。由於被行政程序法納入規範的對象，使得我國法規命
令的規範體系，可以在行政程序法的相關規定當中，更顯一目了然。其中
最值得注意的，就是前述受到美國法制影響，針對法規命令的訂定程序所
為之規範。行政程序法第 151 條首先規定：「行政機關訂定法規命令，除關
於軍事、外交或其他重大事項而涉及國家機密或安全者外，應依本法所定
程序為之。但法律另有規定者，從其規定。（第一項）法規命令之修正、廢
止、停止或恢復適用，準用訂定程序之規定。（第二項）」緊接著，針對法
規命令正式制定之前的「擬訂」，行政程序法除開放行政機關之外的人民或
團體「提議為之」（行政程序法第 152 條參照）以外，並規定行政機關自行
草擬或回應提議法規命令時的相關程序要件（行政程序法第 153–154 條參
照）。而為了回應人民參與行政程序的訴求，行政程序法更在第 155–156 條
中，放進開放聽證的條件與程序規定（詳見以下 4. 之內容）。最後，針對
法規命令的「發布」，行政程序法第 157 條也明列合法性條件：「法規命令
依法應經上級機關核定者，應於核定後始得發布。（第一項）數機關會同訂
定之法規命令，依法應經上級機關或共同上級機關核定者，應於核定後始
得會銜發布。（第二項）法規命令之發布，應刊登政府公報或新聞紙。（第
三項）」從這些相關規定中可以看出，由於我國行政程序法針對法規命令的
規範，採納了美國行政法著重「程序控制」的理念，因此，法規命令的合
法性，不但必須繫於與國會立法授權意旨之間的連結，還必須以命令制定
過程符合相關程序規範為條件。正是根據這種同時著眼於「實體」與「程

序」的制度安排，使得「國會對法規命令合法性的監督」，以及「人民對法規命令制定程序的參與」這兩項要素，在我國法規命令的規範體系當中，佔有同等重要的地位。

針對法規命令嚴重違反相關形式與實質合法性要件的法律效果，行政程序法最後於第 158 條規定，法規命令有下列情形之一者，無效：一、牴觸憲法、法律或上級機關之命令者；二、無法律之授權而剝奪或限制人民之自由、權利者；三、其訂定依法應經其他機關核准，而未經核准者。不過，倘若法規命令的制定犯有程序上的瑕疵，其法律效果究竟如何，則有進一步探討之餘地。對此，有鑑於我國法規命令體系強調「實體」與「程序」並重的特點，針對制定法規命令過程中重大的程序瑕疵，亦即明顯抵觸行政程序法，或者其他個別法律之程序規定者，似應容有判定系爭法規命令違反法律，因而認定無效的空間❶⃝⑰。

> 從以下節錄之最高行政法院判決當中可以看出，當法規命令之內容，欠缺母法具體明確之授權，進而限制人民之自由、權利時，顯已違反行政程序法第 158 條第二款之規定，應屬無效。
> 【最高行政法院判決】
> 裁判字號：92 年判字第 924 號
> 裁判日期：民國 92 年 07 月 17 日

---

⑰ 大法官釋字第 672 號解釋即涉及此一問題，但大法官並未基於程序瑕疵之理由，宣告系爭法規命令違法、無效。針對系爭法規命令訂定程序之瑕疵，第 672 號解釋理由書僅指出：「管理外匯條例第十一條規定，外幣申報之『有關辦法，由財政部會同中央銀行定之』，係授權主管機關共同就申報之程序、方式及其他有關事項訂定法規命令，其訂定並應遵循中央法規標準法及行政程序法之相關規定。惟上開財政部令，既未以辦法之名稱與法條形式，復未履行法規命令應遵循之預告程序，亦未會銜中央銀行發布，且其內容僅規定超過等值壹萬美元者應報明海關登記之意旨，對於申報之程序、方式等事項則未規定，與管理外匯條例第十一條之授權意旨、行政程序法第一百五十四條、第一百五十七條及中央法規標準法第三條等規定不符，應由有關機關儘速檢討修正。」實則，系爭法規命令之制定程序既已明顯違反行政程序法的相關規定，似應依行政程序法第 158 條之規定，認定抵觸法律而無效。對於大法官此處觀點提出批評，並進一步主張應從系爭法規命令違反「正當法律程序」而違憲、無效者，另可參見湯德宗，〈未依法訂定之法規命令得否作為裁判依據——大法官釋字第 672 號解釋評析〉，《法令月刊》，第 61 卷第 5 期，頁 680–700（2010 年）。

上 訴 人　行政院新聞局

被上訴人　大樹下廣播電臺股份有限公司籌備處

　　右當事人間因廣播電視法事件，上訴人不服中華民國九十一年五月一日臺北高等行政法院八十九年度訴字第二九七四號判決，提起上訴。本院判決如左：

主　文

上訴駁回。

上訴審訴訟費用由上訴人負擔。

理　由

　　本件上訴人主張：上訴人以民國八十五年一月二十三日（八五）強廣二字第〇一一二二號函准予籌設，系爭電台，在該函之說明欄中已註明如欲變更負責人等相關資料，應先徵得上訴人同意，否則上訴人得撤銷籌設許可，因此當初所發之籌設許可為有「附款」之行政處分，且該附款為「保留廢止權」。此附款是為貫徹廣播電視法第八條，廣播電臺設立應力求普遍均衡之立法精神，且基於正當且必要之政策考量，被上訴人既成就於前述行政附款內容之行為，因此上訴人予以廢止原行政處分，自無須法律有廢止之特別明文規定，方可為之；原審判決以廣播電視法施行細則違反法律保留之原則，從而撤銷上訴人所為之廢止處分，實屬判決不備理由。同時，行政命令有無法律明確授權，應從法律條文之意義關聯，以及法律整體追求之目的加以判斷，原判決僅從字面判斷，亦未說明認定「未明確授權」之理由，亦屬判決不備理由。此外，被上訴人籌設電臺乃其原有之權利，既非上訴人之准予籌設許可處分所賦予，自不因上訴人之廢止行為而發生影響被上訴人權利之問題，如未有侵害，則欠缺可供保護之利益，應從程序上駁回被上訴人之訴，原判決卻認被上訴人之訴為有理由，亦屬判決理由矛盾，並有不適用法規及適用不當之情形。原判決既認為上訴人逕可就申請設立為實質審查，而無撤銷籌設許可之必要，系爭行政處分屬多餘，但縱屬多餘，亦僅行政處分是否適當而已，關於行政處分是否適當，並非司法審查之範圍，原判決卻加以審查，實有違憲法三權分立，並有判決不適用法規及適用不當之情形。請求廢棄原判決並駁回被上訴人在原審之訴等語。

……。

　　本院查：一、上訴人主張八十五年一月二十三日（八五）強廣二字第〇一一二二號函准予籌設系爭電台，該函之說明欄中已註明如欲變更負責人等相關事宜，應先徵得上訴人同意，否則上訴人得撤銷籌設許可，此項「附款」即有「保留廢止權」之效果。惟此「附款」旨在促請申請人注意，是否可能為「保留廢止權」，已不無疑問。況上訴人八十八年十一月三日（八八）建廣二字第一八〇六號函撤銷籌設許可，於系爭處分之說明欄中已明確引用廣播電視法第十四條、廣播電視法施行細則第三條、第六條、第七條、第十八條、第二十條等規定作成系爭處分，以撤銷被上訴人之籌設呿可，並未有任何行使「保留廢止權」之意思表示。此外，依據上訴人內部之「廣播電台審議委員會第六十五次會議紀錄」，亦可明瞭上訴人於作成系爭處分之理由與依據為廣播電視法施行細則第七條之規定。另上訴人於訴願程序中作成訴願決定時，雖指出本件之「撤銷」實為「廢止」，但仍強調其廢止之依據是廣播電視法施行細則第七條之規定。亦即為法規准許廢止。又上訴人於原審審理中所提出之答辯狀，亦再次強調上訴人之撤銷被上訴人之籌設許可，係因被上訴人違反行為時之廣播電視法施行細則第七條第七款規定，而非八十四、八十五年間之廣播電視法之相關規定。準此可知，本件上訴人自始至終皆係以廣播電視法施行細則第七條作為撤銷被上訴人籌設許可之法律依據，至為明確。今上訴人所提出之行使「保留廢止權」一節，顯與上訴人一貫之主張相互矛盾，亦與事實不符。二、本件應審究者，為上訴人撤銷本件籌設許可，是否有其法律上之依據。按對人民財產權之限制，必須合於憲法第二十三條所定必要程度，並以法律定之，其由立法機關明確授權行政機關以命令訂定者，須據以發布之命令符合立法意旨且未逾越授權範圍時，始為憲法所許。倘由法律授權訂定行政命令者，其授權必須具體明確，且未逾越母法之範圍，始為有效。查廣播電視法並無廣告電台籌設許可及撤銷籌設許可之規定；廣播電視法第十條雖係就申請設立電台之程序而為規定，然並無籌設許可之規定，當然亦無撤銷籌設許可之規定。上訴人訂立廣播電視法施行細則以規範廣播電視業者，「不得未經許可變更負責人或為股權之移轉」，依據廣播電視法第十四條之規定，固屬有據；但其違反之法律效果——「撤銷籌設許可」，已超出母法規定之處罰範圍，蓋依廣播電視法第四十一條規定，其中並無「撤銷電台籌設許可」之處分類型，亦未經母法具體明

確授權行政機關制訂於施行細則，顯然該當行政程序法第一百五十八條第二款，應屬無效，同時亦不符合中央法規標準法第五條第二款與憲法第二十三條「法律保留原則」之要求。足見廣播電視法立法當時根本遺漏「撤銷籌設許可」作為違反廣播電視法規定之法律效果。故廣播電視法施行細則第七條「撤銷籌設許可」之規定顯然逾越母法。從而上訴人以逾越母法之廣播電視法施行細則所作成之系爭處分，自屬違法之行政處分，應予撤銷。三、被上訴人雖係申請設立電台，惟仍須申請核發架設許可證、電台執照、廣播執照、公司執照等項，可見許可設立電台與否尚須審查相關事項多項，並非僅經籌設許可後即可取得，亦非一經籌設許可即等同准許設立電台，是倘被上訴人申請設立電台確有不符要件或規定之情形，上訴人還可就其申請設立電台為實質之審查而為否准之處分，自無須引據未經法律授權訂定之廣播電視法施行細則為撤銷許可。原審法院於判決中指明，上訴人經審查倘認被上訴人有不符要件或規定之情形，仍得為必要之處置，於法亦無不當。四、綜上，本件上訴人所為撤銷系爭籌設廣播電台許可之處分，既有違誤，一再訴願決定就此予以維持，自屬可議。原判決因而將之一併撤銷，著由上訴人另為適法之處分，經核並無判決不備理由，理由矛盾或不適用法規及適用不當之情事。上訴論旨聲明將之廢棄，尚難認為有理由，應予駁回。

　　據上論結，本件上訴為無理由，爰依行政訴訟法第二百五十五條第一項、第九十八條第三項前段，判決如主文。

3. 國會的合法性監督

　　由於法規命令的合法性體系，在實體內容的部分，繼受德國法的模式，基於「議會支配」的理念，圍繞在「是否合乎法律授權」這一點上，因此不難想見，國會順理成章地取得第一線監督法規命令合法性的地位。中央法規標準法第7條即明訂：「各機關依其法定職權或基於法律授權訂定之命令，應視其性質分別下達或發布，並即送立法院」。除此之外，立法院職權行使法並且另立專章，處理行政命令之審查[18]。該法第60條規定：「各機

---

[18]　如同本書一開始所指出的，立法院職權行使法這裡所出現的「行政命令」用語，按照該法第60條的定義，包含行政機關「依法定職權」與「基於法律授權」而訂定的命令，從而似乎係與中

關依其法定職權或基於法律授權訂定之命令送達立法院後,應提報立法院
會議。(第一項)出席委員對於前項命令,認為有違反、變更或牴觸法律者,
或應以法律規定事項而以命令定之者,如有十五人以上連署或附議,即交
付有關委員會審查。(第二項)」第 62 條規定:「行政命令經審查後,發現
有違反、變更或牴觸法律者,或應以法律規定事項而以命令定之者,應提
報院會,經議決後,通知原訂頒之機關更正或廢止之。(第一項)(第二項
略)第一項經通知更正或廢止之命令,原訂頒機關應於二個月內更正或廢
止;逾期未為更正或廢止者,該命令失效。(第三項)」由這些規定可以得
知,就一般性的規定看來,針對法規命令的合法性監督,立法院至少享有
所謂的「事後廢止權」❶,也就是得透過要求原訂定命令之行政機關,更
正或廢止系爭命令,對法規命令的合法性,施以事後的拘束。

4. 人民對法規命令制定程序的參與及其制度意義

如前所述,除了國會對法規命令的合法性監督之外,行政程序法中保
障人民一定程度參與權的相關規範,可謂針對法規命令的合法性,除了既
有的結果導向的監督,更進一步加上程序性的監督。根據前引行政程序法
之相關規定,就一般情形而言,人民對法規命令訂定程序的參與形式,包
括對制定法規命令之提議,對行政機關於制定前所公告法規命令內容之意
見陳述,以及參加行政機關依職權舉行之聽證程序❷。如前所述,人民這

央法規標準法相呼應,在實證法上承認:除了「法規命令」之外,尚有「職權命令」存在的空
間。針對這個前面所提到的「二分法」與「三分法」的爭議,乃至於職權命令在我國憲法與行
政法架構下的正當性問題,詳見本書以下第三章、第 3 節、二、㈢職權命令之討論。

❶ 該用語參考黃昭元,〈國會改革五法簡介〉,《台灣本土法學雜誌》,第 1 期,頁 182–197, 184
(1999 年)。相對於此「事後廢止權」的一般監督模式,在少數法律規定中,亦可見所謂「事
前同意權」模式。這種保留國會同意權的監督模式,由於將國會的同意,配置成法規命令的生
效要件,因此無疑對行政機關的法規命令制定權,構成更強的監督與拘束。相關討論可參考葉
俊榮,〈第十章:行政命令〉,翁岳生主編,《行政法(上)》,頁 390–474, 429–431(2006 年
三版);陳敏,《行政法總論》,頁 535–536(2007 年五版);吳庚,《行政法之理論與實用》,
頁 304–305(2007 年十版);許宗力,〈論國會對行政命令之監督〉,《法與國家權力》,頁
269–300, 275 以下(1993 年二版)。

❷ 參照行政程序法第 152 條第 1 項:「法規命令之訂定,除由行政機關自行草擬者外,並得由人

些程序參與權的保障，在我國行政程序法的制定過程中，被認為是落實民主精神的表徵，與提升法規命令民主正當性基礎的重要手段，而這一點也被視為我國行政法受到著重程序控制之美國法制影響的最佳見證❷１。一般而言，多數相關討論均集中強調：行政程序法係回應日益高漲的民主參與意識；相對地，人民的程序參與權，是否反而可能因為足以影響行政決策，而導致干擾議會民主實現的問題，在行政程序法的討論氛圍之中，並未引起爭議。這樣的現象，一方面可歸因於法規命令制定程序的人民參與機制，基本上訴諸不特定多數人，從而比較不會因為獨厚特別的「利害關係人」，而引發是否保障公平參與的問題。另一方面，如同前面所提到的，由於我國現行憲政體制，正式採納「議會」與「總統」各擁直接民意基礎的「雙元民主」結構，而總統在我國截至目前為止的憲政發展經驗當中，顯然也不曾完全謹守與行政院之間的權限分際，反而甚至經常直接扮演（指揮或取代行政院院長之）「行政首長」的角色，因此可以想見，行政決定的民主正當性，在我國並不像在德國一般，可以且必須完全在議會民主的體制架構之下，訴諸與議會意志的連結，而毋寧另有一套回溯於民意的途徑。這不僅意味著行政決策過程中的「參與民主」，不會遭遇太大的理論困難，更在相當程度上，足以表現出我國憲政結構對於「人民儘可能親近公權力決策」這個訴求的支持，因為從一開始，人民就可以透過分別灌輸民意給議

民或團體提議為之。」第 154 條第 1 項：「行政機關擬訂法規命令時，除情況急迫，顯然無法事先公告周知者外，應於政府公報或新聞紙公告，載明下列事項：一、訂定機關之名稱，其依法應由數機關會同訂定者，各該機關名稱。二、訂定之依據。三、草案全文或其主要內容。四、任何人得於所定期間內向指定機關陳述意見之意旨。」第 155 條：「行政機關訂定法規命令，得依職權舉行聽證。」第 156 條：「行政機關為訂定法規命令，依法舉行聽證者，應於政府公報或新聞紙公告，載明下列事項：一、訂定機關之名稱，其依法應由數機關會同訂定者，各該機關之名稱。二、訂定之依據。三、草案之全文或其主要內容。四、聽證之日期及場所。五、聽證之主要程序。」

❷１ 例可參考葉俊榮，〈第十章：行政命令〉，翁岳生主編，《行政法（上）》，頁 390–474，443–446（2006 年三版）；湯德宗，〈論行政程序法的立法目的〉，《行政程序法論：論正當行政程序》，頁 51–84，52–55（2005 年二版）；湯德宗，〈論行政立法之監督：「法規命令及行政規則」章起草構想〉，《行政程序法論：論正當行政程序》，頁 211–276，240（2005 年二版）；陳敏，《行政法總論》，頁 538（2007 年五版）。

會與總統，讓人民意志之所在，得以在行政與立法部門彼此的權力制衡過程中，被充分地探知。綜上所述，法規命令制定過程中的人民參與，由於在我國中央政府體制下，享有一定的正當性基礎，並且充分符合社會一般對於「透過參與公共決策來落實民主」的信念與期待，因此，最終被納入行政程序法的重要一環，可謂順理成章。

5.司法審查

在前述合法性要件的框架要求之下，行政機關在制定法規命令時，一方面必然依照法律授權所開放的範圍，以及其他相關程序規範，而享有或大或小的命令裁量空間❷。如同本書第二章介紹德國法制時所提到的，這種「命令裁量」權限的性質與範圍，有鑑於當前各種行政法各論領域發展上的歧異，不僅難以一概而論，甚至往往也無法一般性地被歸類為偏向立法裁量或行政裁量，或者必然與法律拘束之間，處於某種特定的關係。由

---

❷ 國內針對行政機關訂定法規命令的裁量權限，已累積許多討論成果。例可參見葉俊榮，〈第十章：行政命令〉，翁岳生編，《行政法（上）》，頁 390–474，435–441（2006 年三版）（氏將訂定命令之裁量，進一步細分為「是否訂定的裁量」，「何時訂定的裁量」，「如何訂定的裁量」，以及「訂定程序的裁量」）；許宗力，〈訂定命令的裁量與司法審查〉，《憲法與法治國行政》，頁 207–247，219–236（2007 年二版）（氏針對「如何訂定的裁量」的範圍界定問題，更進一步予以學理上的類型化，包括：「以命令內容的規範屬認識行為或意志行為區分」；「以授權法是否屬聯結式規定區分」；「以應否經法律的授權區分」；「以有無經法律的授權區分」；「以法律的授權明確與否區分」；「以授權對象的層級區分」；「以授權對象是否屬獨立委員會區分」；「以有無經國會的參與區分」；「以是否屬『措施性命令』區分」；「以事務領域的不同區分」，足見命令裁量權限牽涉問題的複雜程度）。相關討論並可進一步參見廖元豪，〈行政程序法命令訂定程序之研究〉，《華岡法粹》，第 27 期，頁 301–338（1999 年）；李震山，〈論訂定法規命令之決定裁量──行政法院八十八年度判字第四三四三號判決評釋〉，《台灣本土法學雜誌》，第 15 期，頁 71–82（2000 年）；李建良，〈行政法：第五講──行政法的法源、規範及其位階（上）〉，《月旦法學教室》，第 24 期，頁 34–44（2004 年）；張麗卿，〈公平交易委員會之判斷餘地與行政裁量──評台北高等行政法院九十五年度訴字第一○六三號與九十五年度訴字第一○四八號判決〉，《月旦法學雜誌》，第 146 期，頁 219–231（2007 年）；黃俊杰，〈行政立法系列：第一講──法規命令〉，《月旦法學教室》，第 82 期，頁 51–65（2009 年）；蘇永欽，〈法規命令的違憲審查──簡評司法院大法官第 658 號解釋〉，《法令月刊》，第 60 卷第 9 期，頁 4–24（2009 年）；陳愛娥，〈行政程序法施行十週年的回顧與前瞻──以行政法院裁判的觀察為基礎〉，《月旦法學雜誌》，第 182 期，頁 63–79（2010 年）。

於我國法規命令的規範體系，首先承襲德國法制以「法律授權」為基礎與拘束標準的架構，因此，命令裁量的空間廣狹，自然也必須視法律究竟賦予行政機關多大的授權而定。從而，根據對德國「授權明確性」原則的繼受，行政機關的命令裁量權限何在，首先必須由法律授權的目的、內容與範圍，來加以定位。除此之外，由於我國行政機關對法規命令的制定，尚須遵守行政程序法，以及其他個別法律之規定所要求的形式與程序機制，而這些法定機制有時也提供行政機關一定的裁量空間（例如是否發動聽證程序，係本於行政機關之職權；又如法規命令之預先公告程序，行政機關可於一定條件之下選擇豁免），所以，行政機關的命令裁量範圍，勢必也會受到相關形式與程序規定的影響❷❸。

　　若根據上述對於行政機關命令裁量權限的基本認知，便可推知法規命令司法審查的重點何在。但在這之前，尚有兩點必須先行釐清：首先，在我國行政訴訟體制之下，法規命令並不能在不依附任何具體案件（亦即行政處分或其他行政行為所引發的個案糾紛）的情況下，抽象地成為法院審查的標的，因此，行政法院對法規命令的審查，必然是一種附隨的審查❷❹。其次，之所以名其為「審查」，正是因為肯認：行政法院有權不受到行政機關所制定法規命令的拘束。就這一點而言，學界有認為，大法官釋字第 38 號解釋之意旨，提供了重要的證明與闡明功能。釋字第 38 號解釋指出：「憲法第八十條之規定，旨在保障法官獨立審判，不受任何干涉，所謂依據法律者，並非除法律以外，與憲法或法律不相抵觸之有效規章，均行排斥而不用。」學者翁岳生教授即頗具說服力地主張：由該號解釋之反面解釋，可

---

❷❸　關於我國行政機關訂定法規命令時所享裁量權限的形式合法性討論，可參見陳愛娥，〈「有效權利保障」與「行政決定空間」對行政訴訟制度的影響〉，司法院行政訴訟及懲戒廳編輯，《行政訴訟論文彙編第一輯》，頁 49–79, 67 註 41（1998 年）；李震山，《行政法導論》，頁 311（2003年五版）；陳敏，《行政法總論》，頁 534–536（2007年五版）；葉俊榮，〈第十章：行政命令〉，收於：翁岳生主編，《行政法（上）》，頁 390–474, 408（2006年三版）。

❷❹　另請進一步參見葉俊榮，〈第十章：行政命令〉，翁岳生主編，《行政法（上）》，頁 390–474,461（2006年三版）：「雖然行政程序法對於行政命令的訂定程序有所規範，但由於第 174 條前段規定：『當事人或利害關係人不服行政機關於行政程序中所為之決定或處置，僅得於對實體決定聲明不服時一併聲明之。』使得行政命令的審查仍須附著於其他個別的行政行為。」

以推知，根據大法官的見解，法官在審判過程當中，當有審查法規命令是否與憲法或法律相抵觸的權限。倘若審查結果，認為命令與法律有相抵觸者，法官對該命令自可「排斥而不用」㉕。儘管釋字第 38 號解釋似乎並沒有被正式公認為一般法院享有命令違法審查權的依據，但依照學界一般的看法，均肯定法院的命令違法審查權㉖。

關於一般法院的命令違法審查權，最高行政法院早年的判例即足以充分見證。茲將該判例內容摘錄如下：

【最高行政法院判例】

裁判字號：43 年判字第 12 號

裁判日期：民國 43 年 09 月 21 日

要　　旨

按命令與憲法或法律牴觸者無效，為憲法第一百七十二條所明定。如各級地方政府所發之命令，與中央公布施行之法律牴觸者，自應認為無效。

理　　由

按命令與憲法或法律牴觸者無效，為憲法第一百七十二條所明定，如各級地方政府機關所發生之命令，與中央公布施行之法律牴觸者，自應認為無效。本件原告檢舉蘇子添承租臺灣糖業股份有限公司所有，坐落彰化市大埔段，第六八三、六八四、六八七、六八八地號，六則田共計四分三厘二毛五系，於四十年第一期

㉕　翁岳生，〈論法官之法規審查權〉，《國立臺灣大學法學論叢》，第 24 卷第 2 期，頁 87–109，97（1995 年）。

㉖　例可參見葉俊榮，〈第十章：行政命令〉，翁岳生主編，《行政法（上）》，頁 390–474，471–472（2006 年三版）；翁岳生，〈論命令違法之審查〉，《行政法與現代法治國家》，頁 109–129，115（1982 年四版）；楊與齡，〈具體法規審查制與我國司法院及法官之法規審查權〉，《法令月刊》，第 41 卷第 1 期，頁 3–6（1990 年）；翁岳生，〈論法官之法規審查權〉，《國立臺灣大學法學論叢》，第 24 卷第 2 期，頁 87–109，92–93（1995 年）；亦可參考翁岳生，〈論命令違法之審查〉，《行政法與現代法治國家》，頁 109–129，115–125（1982 年四版）；吳志光，〈賦予法官法律違憲審查權之意義〉，《司法改革雜誌》，第 32 期，頁 49（2001 年）；陳新民，《行政法學總論》，頁 277–278（2000 年七版）；李震山，《行政法導論》，頁 309–310（2003 年五版）；陳敏，《行政法總論》，頁 111–112（2004 年四版）；陳淳文，〈現行行政命令合法性審查之檢討——以不利益處分所引發之司法審查為中心〉，黃舒芃主編，《2007 行政管制與行政爭訟》，頁 105–169，128–129（2008 年）。

以前轉租劉江河耕作，已屬明確不爭之事實。茲原告主張該項耕地，應由其承租，無非援引臺灣省政府參柒丑寢府綱地丙字第一八〇號代電（人民依照臺灣省獎勵檢舉非法租用公地辦法，檢舉非法轉租，而具有耕作能力，需要土地耕作者，得優先承租）及。（四一）未皓府綱地丁字第一九七五號令命（本府（三七）丑寢府綱地丙字第一八〇號代電所定得由檢舉人優先承租一節，與公地整理方案第十項第四款「另與實際使用人成立新約」之規定，並無牴觸，因後者指無檢舉人而言。）兩點而已。然自耕地三七五減租條例，於四十年六月七日中央公布同日施行之後，依該條例第一條「耕地之租佃，依本條例之規定，本條例未規定者，依土地法及民法之規定」，則臺灣省政府，在該條例施行以前，所頒行有關耕地租佃之各項法規命令，均因而失效，不得再行引用，至為明顯。至於臺灣省政府（四一）未皓府綱地丁字第一九七五號令命所為概括之釋示：「得由檢舉人優先承租」，姑無論所謂得由，並非必由，究竟是否准由檢舉人優先承租，儘有斟酌情形，自由裁量之餘地。但既與耕地三七五減租條例第十六條第一項第二項（承租人應自任耕作，並不得將耕地全部或一部轉租於他人。承租人違反前項規定時，原定租約無效，得由出租人收回自行耕種，或另行出租，但在本條例施行前發生者，其轉租及未轉租部份，由現耕人及原承租人分別與出租人換訂租約，至原訂租約期滿之日為止。）規定相牴觸，揆諸首開說明，自應認為無效。且發覺錯誤自行更改亦為民主政治應有之作風，被告官署以原告檢舉非法轉租，請求優先承租，適用法令，不無疑義，層轉請示後，奉臺灣省政府具體指示：「應依耕地三七五減租條例第十六條第二項規定，由現耕人劉江河與糖廠換訂租約」，轉飭彰化市公所遵照，並將副本分送原告及關係人等，實無違誤之可言。訴願決定，與再訴願決定，其論據雖有不同，但為維持原處分，遞予駁回則一，尚可認為均無不合。原告起訴論旨，殊無足採。

　　據上論結，原告之訴為無理由，合依行政訴訟法第二十三條，判決如主文。

　　在我國法規命令規範體系同時重視法規命令實質與程序合法性的前提之下，行政法院對法規命令之合法性審查，自然也必須著眼於實體與程序兩個層面。就實體面而言，由於法規命令必須遵守法律授權之內容、目的與範圍，所賦予的界限，因此，行政法院面對具體個案時，自得針對系爭

法規命令是否逾越或違反法律授權進行審查 ❷。當然，如同德國法所面臨
的挑戰一般，由於不同的事務領域有不同的特性，以及不同的行政立法分

---

❷ 例如：臺北高等行政法院 96 年訴更一字第 65 號判決：「……被告依中央研究院組織法第 13 條
規定制訂研究所組織規程，再依研究所組織規程第 18 條規定制訂作業要點，是被告所屬研究
人員升等審議之依據即作業要點係屬基於法律授權之法規命令性質，殆無疑義。而調研室所制
定之作業辦法第 1 條雖明載『中央研究院調查研究工作室（以下簡稱本室）依據本院「研究人
員新聘、續聘及升等審議程序作業要點」，制定本辦法。』字樣，然查其所依據之作業要點係屬
法規命令，本非法律規定，已如前述，是作業辦法乏其法律依據，應可確定；且遍查中央研究
院組織法及研究所組織規程，並無規定明定被告可再度授權更下級之行政機關制定更細節之規
定，遑論調研室並非被告之下級行政機關，而係被告內部所屬單位（原告主張調研室非屬依法
律規定所設立之組織），為被告所不否認之事實，是調研室並無任何法律權源可制定任何法規
命令，至為灼然，徵之首開法律授權明確性原則及說明，調研室自行制定之作業辦法自不具法
律上之效力，殊不能作為被告所屬研究人員升等審查之依據，自無庸論及原告之升等審查是否
該當於作業辦法規定之審查項目要件。」臺中高等行政法院 96 年訴字第 159 號判決：「……
是除非授權制定法規命令之法律，明文規定許可再授權，否則即不得以法律授權規定之法規命
令再輾轉授權，以免違反授權明確性原則。查房屋稅條例第 9 條僅授權財政部訂定不動產評價
委員會組織規程（行政規則），並未明文許可再授權訂定其他法規命令，不能認臺中縣簡化評
定房屋標準價格及房屋現值作業要點係經法律授權訂定之法規命令。被告主張該作業要點第
23 點係依房屋稅條例第 9 條、不動產評價委員會組織規程第 10 條、不動產評價實施要點第 7
點輾轉授權訂定，內容無涉及人民之權利義務云云，並非可採。況依該作業要點第 23 點規定，
由稽徵機關自行『依實際工料評估』，不依據『不動產評價委員會評定之標準』核計房屋現值，
顯已牴觸母法即房屋稅條例第 10 條第 1 項、第 11 條第 1 項之規定，亦不能認為係屬有效之行
政命令……。」臺北高等行政法院 93 年訴字第 4112 號判決：「……被告處分所依據之土地使
用分區管制規則既係輾轉授權訂定而來，除失卻法律保留原則精神，亦違法律授權明確性原則，
自屬於法不合，原告起訴指摘，非無理由……。」臺北高等行政法院 94 年訴字第 588 號判決：
「……被告依應考人申請複查成績辦法第 2 條第 2 款規定否准其複查第一試成績，不符典試法
之授權目的，自屬不當；其僅以複查第三試成績之結果，函復維持原榜示結果，顯有疏漏……。」
高雄高等行政法院 89 年訴字第 63 號判決：「……又該要點性質上應屬被告所為之行政命令，
既有如上述之逾越法律授權及違反憲法保障人民工作權、訴訟權之違法性，本院自得於審查後，
不予適用。綜上所述，本件原告以著作送審升等教授，雖於外審部分經評定未達規定標準，致
被告之管理學院教師評審委員會未予審查其升等案；然，原告對於該外審結果，既已依規定向
被告提出書面申復，被告自應受理，給予救濟之機會；其竟依上開違反法律授權之申復案處理
要點第二點規定，於程序上作成拒絕原告申復之處分，核與首開法律規定及司法院釋字第四六
二號解釋意旨，自不相符，應認該行政處分為不合法……。」高雄高等行政法院 90 年簡字第
2430 號判決：「……故上開內政部函釋顯係以行政命令限縮法律適用範圍及對象，應認牴觸法
律規定而無效，爰不予援用……。」臺北高等行政法院 92 年訴字第 3728 號判決：「……該辦
法既係未經法律授權之行政命令，原處分於法之解釋與適用上，即有瑕疵，同時亦違反法律保
留原則與法律優越原則……。」

工模式，因此，這一點必然影響到法院對於授權內容、目的與範圍標準的拿捏，也必然牽涉法院面對各類事務領域時，如何選擇適當的審查密度。就程序面來說，既然作為一般性規則的行政程序法，也課與行政機關於制定法規命令時，程度不等的各種程序義務，行政法院自然也有權審查法規命令之制定是否遵循相關法定程序要件。總之，我國雖然沒有像德國基本法第 19 條第 4 項一般的憲法位階的規定，但是在長期繼受德國傳統法制而強調行政法院權利保護功能的發展脈絡下，學理與實務界對於行政法院的法規命令違法審查權殆無爭議。據此，行政法院若於審判過程中，認定系爭法規命令違法，雖然沒有宣告該法規命令一般性違法甚至無效的權限，仍有權於系爭個案中，拒絕適用該違法之法規命令❷⑧。

❷⑧ 前述釋字第 38 號解釋暨其相關討論參照。至於在行政法院並無法規命令一般性違法之宣告權限的前提下，職司憲法審判權的大法官（詳見以下❸⓪）是否有權一般性地宣告法規命令違法，甚至因違法而無效，在我國大法官依憲法明文規定，僅有「統一解釋」法律之權的條件下，則一直有爭議。例如：學者翁岳生基於憲法第 79 條第 2 項、第 78 條、第 173 條之規定，認為司法院大法官之職權，既專司憲法之解釋與法令之統一解釋，故令有無牴觸憲法或法律疑義，均得由司法院大法官加以審查，參見翁岳生，〈論命令違法之審查〉，《行政法與現代法治國家》，頁 109-129，122-128（1982 年四版）；學者陳敏基於司法院大法官審理案件法第 7 條規定文字中，包含大法官對命令的統一解釋權，肯認大法官當可審查命令有無牴觸法律，且大法官對命令有無牴觸法律之審查權，係直接以命令有無牴觸法律，以及該命令有無效力為審查對象，不以具體訴訟案件之繫屬為要件，參見陳敏，《行政法總論》，頁 113-114（2004 年四版）。學者李震山之看法與陳敏亦同，參見李震山，《行政法導論》，頁 308-309（2003 年五版）；學者吳庚亦認為，我國的命令審查屬分權制，司法院大法官及各級法院皆有不同程度之審查權，前者得宣告命令無效或撤銷，後者得不予適用，參見吳庚，《憲法的解釋與適用》，頁 64（2003 年二版）；學者廖元豪雖未直言大法官是否可一般性地宣告法規命令違法，惟氏指出：法規命令之發布程序，如有違反行政程序法之程序要件，亦屬「牴觸法律」，大法官即應宣告其因牴觸法律而違反憲法第 172 條，並定期或自解釋公布日起失效，參見廖元豪，〈行政程序法命令訂定程序之研究〉，《華岡法粹》，第 27 期，頁 301-338，331（1999 年）。惟學者陳淳文認為基於司法院大法官與行政法院法官之理性分工，以及現行大法官專職抽象審查之制度設計，大法官應盡量尊重行政法院法官對行政命令的審查結果。因此，氏對於大法官是否有必要透過個案介入命令的規範審查，進而產生與行政法院間的競爭關係，持保留態度；參見陳淳文，〈現行行政命令合法性審查之檢討——以不利益處分所引發之司法審查為中心〉，黃舒芃主編，《2007 行政管制與行政爭訟》，頁 105-169，129（2008 年）；另學者蘇永欽基於民國 88 年通過制定的立法院職權行使法第 60-62 條，認為委任立法的法律保留和法律優位審查，本質上即為授權關係的審查，目的在確保行政不致逾越立法。一旦委任人（立法者）都已經確認受任人（行政機關）未逾越其授權目的、範圍，甚至無任何「違反、變更、牴觸」情形時，非委

在我國過去較有疑問的是：行政法院除了法規命令的合法性審查之外，是否還更進一步享有法規命令的違憲審查權？針對這個問題，目前通說除了根據前述釋字第 38 號解釋的反面解釋，肯定一般法院皆有權在認定系爭命令抵觸憲法時，在個案中逕行排斥該命令之適用以外❷，也已明確承繼德國觀點，認為：在採取區分「一般審判權」與「憲法審判權」之所謂「集中型」違憲審查體制❸的司法權架構之下，儘管行政法院並沒有一般性地宣告法規命令違憲的權力，但是，基於憲法的優越性，以及前述從「行政與司法均屬法適用權力」出發，因而認定「法官本不受命令拘束」的立場，行政法院若認為系爭法規命令違憲，自可於其所審理個案當中，直接拒絕對該法規命令之適用❹，而不需要像在懷疑法律有違憲疑義時一般，必須

任人的大法官還有什麼置喙餘地？大法官基於何等憲法上的授權，可以否定立法者本身的審查程序賦予法規命令的民主正當性？但氏也指出，此論述前提乃假定該法規命令並無實質上構成對人權的侵害，如違反比例原則或平等原則，否則大法官當然可以無視於立法院的審查，認定其違憲，參見蘇永欽，〈法規命令的違憲審查──簡評司法院大法官第 658 號解釋〉，《法令月刊》，第 60 卷第 9 期，頁 4-24，11-15（2009 年）。

❷ 此一肯定法官命令違憲審查權之看法的確立，如前所述，亦可溯及翁岳生教授的論點提倡。參見翁岳生，〈論法官之法規審查權〉，《國立臺灣大學法學論叢》，第 24 卷第 2 期，頁 87-109，97（1995 年）。

❸ 簡單地說，「集中型」違憲審查制度的特徵，首在於將違憲審查的權限，集中在一個特別設立的機關身上，一般而言也就是憲法法院，典型代表就是二次戰後的德國。相對地，「分散型」違憲審查制度則不採納所謂「一般審判權」與「憲法審判權」的區分，例如美國的制度。關於「集中型」與「分散型」違憲審查制度的介紹與比較，可參考蘇俊雄，〈違憲審查制度及憲法解釋效力之界限〉，《月旦法學雜誌》，第 42 期，頁 28-31（1998 年）；林超駿，〈略論抽象司法違憲審查制度〉，《月旦法學雜誌》，第 54 期，頁 99-113（1999 年）；黃昭元，〈司法違憲審查的制度選擇與司法院定位〉，《國立臺灣大學法學論叢》，第 32 卷第 5 期，頁 55-118（2003 年）；吳志光，〈違憲審查制度與司法一元化──兼論比較法上的觀察〉，《比較違憲審查制度》，頁 1-69，17-18（2003 年）；湯德宗、吳信華、陳淳文，〈論違憲審查制度的改進──由「多元多軌」到「一元單軌」的改制方案〉，湯德宗主編，《憲法解釋之理論與實務──第四輯》，頁 523-596（2005 年）；許宗力，〈集中、抽象違憲審查的起源、發展與成功條件〉，《法與國家權力⒝》，頁 1-40（2007 年）；蘇永欽，〈裁判憲法訴願？──德國和台灣違憲審查制度的選擇〉，《法令月刊》，第 58 卷第 3 期，頁 4-22（2007 年）；蘇永欽，〈裁判憲法訴願？──德國和台灣違憲審查制度的選擇〉，《尋找共和國》，頁 127-159（2008 年）；吳信華，〈論中華民國的違憲審查制度──回顧、檢討與展望〉，《憲法訴訟專題研究⒜──「訴訟類型」》，頁 531-568（2009 年）。

❹ 關於這項通說見解，參見林合民，〈行政解釋令之法律地位與司法獨立──從司法院釋字第二

先行停止訴訟程序，聲請大法官解釋❷。因此，行政法院對於系爭法規命令，也有權進行（效力及於眼前具體個案的）「違憲」審查。

就合憲性的角度來說，如果當事人窮盡救濟途徑，仍認為其所受憲法保障之權利，遭受不法侵害，而欲進一步聲請大法官解釋，此時大法官是否有權進行法規命令之違憲審查？如前所述，既然大法官在我國區分「一般審判權」與「憲法審判權」的體制架構之下，本即在原則上「獨佔」憲法審判權，針對系爭法規命令是否違憲的問題，大法官根據司法院大法官審理案件法第4條第1項第2款之規定❸，無疑當然有權加以審查。不過在這裡，特別值得注意的現象是：由於大法官是否在「命令違憲審查權」之外，另享「命令違法審查權」，在我國仍一直有爭議❹，因此，針對違反

一六號解釋談起〉，《植根雜誌》，第3卷第7期，頁2–7（1987年）；楊與齡，〈具體法規審查制與我國司法院及法官之法規審查權〉，《法令月刊》，第41卷第1期，頁3–6（1990年）；翁岳生，〈論法官之法規審查權（上）〉，《月旦法學雜誌》，第4期，頁71–80（1995年）；李震山，《行政法導論》，頁308–310（2003年五版）；陳敏，《行政法總論》，頁112（2004年四版）；吳啟賓，〈解釋權與審判權之司法分工（上）〉，《台灣本土法學雜誌》，第65期，頁3–15（2004年）；陳新民，《行政法學總論》，頁288–289（2005年八版）；吳志光，《行政法》，頁45（2006年初版）；吳信華，〈憲法訴訟──「訴訟類型」：第四講：法官聲請釋憲〉，《月旦法學教室》，第79期，頁24–37（2009年）。

❷ 大法官釋字第371號解釋理由書參照：「憲法第一百七十一條規定：『法律與憲法牴觸者無效。法律與憲法有無牴觸發生疑義時，由司法院解釋之』，第一百七十三條規定：『憲法之解釋，由司法院為之』，第七十八條又規定：『司法院解釋憲法，並有統一解釋法律及命令之權』，第七十九條第二項及憲法增修條文第四條第二項則明定司法院大法官掌理第七十八條規定事項。是解釋法律牴觸憲法而宣告其為無效，乃專屬司法院大法官之職掌。各級法院法官依憲法第八十條之規定，應依據法律獨立審判，故依法公布施行之法律，法官應以其為審判之依據，不得認定法律為違憲而逕行拒絕適用。惟憲法乃國家最高規範，法官均有優先遵守之義務，各級法院法官於審理案件時，對於應適用之法律，依其合理之確信，認為有牴觸憲法之疑義者，自應許其先行聲請解釋憲法以求解決，無須受訴訟審級之限制。既可消除法官對遵守憲法與依據法律之間可能發生之取捨困難，亦可避免司法資源之浪費。是遇有前述情形，各級法院得以之為先決問題裁定停止訴訟程序，並提出客觀上形成確信法律為違憲之具體理由，聲請本院大法官解釋。司法院大法官審理案件法第五條第二項、第三項之規定，與上開意旨不符部分，應停止適用。」由於根據本號解釋意旨，一般法院的法官在審判過程中，如遇有法律違憲之疑義，得暫停訴訟程序，聲請大法官解釋，因此，根據一般的說法，一般法院的法官雖無法律「違憲宣告」之權力，但嚴格而論，仍係享有法律「違憲審查」之權力。這樣的看法，顯然直接來自前述德國區分「憲法審判權」與「一般審判權」體制的影響。

❸ 根據該款規定，大法官解釋憲法之事項，包括「關於法律或命令，有無牴觸憲法之事項」。

或逾越法律授權的法規命令，大法官為了完整發揮規範控制的功能，往往並不是單純從「違法」，而是從更高一級的「違憲」角度，來介入系爭法規命令的審查，認定違反或逾越法律授權的法規命令是「違反憲法第23條所稱『依法律限制之』」的「法律保留」條件，因而是「違憲」的。誠然，完全欠缺法律授權而干預人民自由權利之法規命令，確已明顯違反憲法第23條之法律保留，構成違憲。例如釋字第443號解釋即指出：「限制役男出境係對人民居住遷徙自由之重大限制，兵役法及兵役法施行細則均未設規定，亦未明確授權以命令定之。行政院發布之徵兵規則，委由內政部訂定役男出境管理辦法，欠缺法律授權之依據」，因此認定系爭命令違憲。然而，如果法規命令係違反法律授權的目的、內容或範圍，此時法規命令是否因此而必然構成違憲？就大法官釋憲實務的經驗看來，雖然「違法」就法階層的分工而言，並不能直接被視同「違憲」，而大法官似乎也沒有必然將「違反授權」等同於「違反憲法」。例如釋字第524號解釋，即似僅限於宣告系爭法規命令逾越法律授權（「（全民健康保險法）授權相關機關所訂定之健康保險醫療辦法，應屬關於門診或住院診療服務之事項，中華民國八十四年二月二十四日發布之全民健康保險醫療辦法，不僅其中有涉及主管機關片面變更保險關係之基本權利義務事項，且在法律無轉委任之授權下，該辦法第三十一條第二項，逕將高科技診療項目及審查程序，委由保險人定之，均已逾母法授權之範圍。」）但是，由於「逾越（或違反）法律授權」，往往被認為是「增加母法所無之限制」，進而「違反法律保留」，因此，一旦被宣告違反或逾越法律授權的法規命令，往往即預告了不僅抵觸授權法律，也違反憲法第23條法律保留的後果。所以釋字第612號解釋才會闡明：「行政院環境保護署依據前開授權於八十六年十一月十九日訂定發布之公民營廢棄物清除處理機構管理輔導辦法（已廢止），其第三十一條第一款規定：清除、處理技術員因其所受僱之清除、處理機構違法或不當營運，致污染環境或危害人體健康，情節重大者，主管機關應撤銷其合格證書，係指廢棄物清除、處理機構有導致重大污染環境或危害人體健康之違法或不

---

❸❹　前揭❷❸內容參照。

當營運情形，而在清除、處理技術員執行職務之範圍內者，主管機關應撤銷清除、處理技術員合格證書而言，並未逾越前開廢棄物清理法第二十一條之授權範圍，乃為達成有效管理輔導公、民營廢棄物清除、處理機構之授權目的，以改善環境衛生，維護國民健康之有效方法，其對人民工作權之限制，尚未逾越必要程度，符合憲法第二十三條之規定」。由此看來，大法官對於法規命令違反授權的情形，究係以「違法」，或者「違憲」的審查角度來處理，以及倘若將之視為「違法」，是否即意味著大法官已透過釋憲實務，發展（前述具有爭議的）「命令合法性審查」的權限，似乎都還有進一步釐清的空間。

㈡行政規則

1. 概念定義

與法規命令的情況相同，「行政規則 (Verwaltungsvorschriften)」的概念也來自對德國法的繼受，係指上級對下級行政機關，或者長官對屬官，基於職權與執行職務之所需，而訂定之原則上僅對行政機關內部發生法律效果的一般性規範。在德國法制採取「法規命令」與「行政規則」二分的架構之下，「行政規則」的制定，一方面因為來自於上級行政機關與行政長官的指令權限，而毋須以法律授權為前提 ❸。另一方面，也正因為毋須法律授權，所以「行政規則」原則上只能扮演行政機關內部「行事準則」的角色，而不能直接對外發生效力，否則人民權利將因欠缺國會法律的把關，而無法獲得充分的保護。

我國行政程序法第 159 條第 1 項規定：「本法所稱行政規則，係指上級機關對下級機關，或長官對屬官，依其權限或職權為規範機關內部秩序及運作，所為非直接對外發生法規範效力之一般、抽象之規定。」同條第二項則明文闡示行政規則的功能類型：「行政規則包括下列各款之規定：一、關於機關內部之組織、事務之分配、業務處理方式、人事管理等一般性規定。

---

❸　當然，所謂「毋須法律授權」，仍不妨礙立法者透過法律授權行政機關制定行政規則。

二、為協助下級機關或屬官統一解釋法令、認定事實、及行使裁量權，而訂頒之解釋性規定及裁量基準。」根據國內通說見解，行政程序法的這項規定，只是例示，而非窮盡列舉所有行政規則的種類。因此，行政法學者每每針對行政規則在實務上所發揮的各種作用，進一步區分行政規則的類型。例如陳敏教授主張，行政規則可區分為：1.組織規程及處務規程；2.解釋法規之行政規則；3.裁量基準；4.替代法律之行政規則 ㊱。李震山教授認為，行政規則包含以下各類型：1.組織性；2.作業性；3.裁量性；4.法規解釋性；5.要件判斷性 ㊲。李惠宗教授將行政規則的性質區分成五種：1.組織性行政規則；2.作用性行政規則；3.代替立法之行政規則；4.補充法律的行政規則；5.規範具體化之行政規則 ㊳。陳春生教授則更進一步針對行政規則列出八種類型：1.關於機關內部之組織事務分配之行政規則；2.解釋基準之行政規則；3.裁量基準之行政規則；4.關於特別關係之行政規則；5.補助金交付之行政規則，指國家或地方自治團體，給予私人補助金或提供服務之給付基準；6.行政指導基準之行政規則；7.代替法律之行政規則；8.規範具體化行政規則 ㊴。

在以上這些分類當中，特別值得說明者有二：第一，所謂「替代法律之行政規則」，繼受自德國法 gesetzesvertretende Verwaltungsvorschriften 的概念 ㊵，係指在法律未予規範、或未予充分規範的事務領域，行政機關基於實務需求，依職權訂定，以規範下級機關或下屬的一般性規定 ㊶。如陳

㊱ 陳敏，《行政法總論》，頁 542–544（2007 年五版）。

㊲ 李震山，《行政法導論》，頁 242–244（2007 年七版）。

㊳ 李惠宗，《行政法要義》，頁 406–409（2007 年三版）。

㊴ 陳春生，〈行政命令論──中華民國行政規則之法效力研究〉，台灣行政法學會主編，《行政命令、行政處罰及行政爭訟之比較研究──臺灣行政法學會學術研討會論文集》，頁 75–114，79–83（2001 年）。

㊵ 參見 *Fritz Ossenbühl*, Autonome Rechtsetzung der Verwaltung, in: Josef Isensee/Paul Kirchhof (Hrsg.), HStR III, 2. Aufl., 1996, § 65, Rn. 27–28; *Hermann Hill*, Normsetzung und andere Formen exekutivischer Selbstprogrammierung, in: Wolfgang Hoffmann-Riem/Eberhard Schmidt-Aßmann/Andreas Voßkuhle (Hrsg.), Grundlagen des Verwaltungsrechts, Band II: Informationsordnung, Verwaltungsverfahren, Handlungsformen, 2008, § 34, Rn. 43.

㊶ 可回頭參考本書第二章第 4 節之相關討論。

敏教授所言，這種「替代法律之行政規則」，在於「創設必要之決定標準，而非對既有之決定標準予以具體化」❷，因此在功能上，不同於下面即將提到的「將規範具體化之行政規則」。必須澄清的是，這裡所謂「替代法律」，並不是指這種行政規則補充了法律的缺漏或不足，當然更不表示它享有法律的規範位階，而只是在法律沒有（完整）規定，但行政實務有需要的地方，充當行政機關的行事準據。第二，所謂「將規範具體化之行政規則」的概念，同樣來自德國法用語，亦即　　　　normkonkretisierende Verwaltungsvorschriften 一詞❸。如同本書第二章第 4 節所介紹的，在德國法上，這種「將規範具體化之行政規則」，經常出現在環境法、科技法等領域，因為在這些領域當中，法律經常要求行政機關，必須針對不同的個案情形，個別判斷相關當事人的行為或設施，是否符合法律所訂定的各項標準。由於這類法律規定的構成要件，往往充滿各種不確定法律概念，因此，法律往往會授權行政機關，透過行政規則的制定，將不確定法律概念予以內容上的具體化，以便行政主管機關在個案判斷的過程中，能有更具體明確且一致的標準依據❹。不過，有學者認為，我國似乎尚無此種類型的行政規則。例如陳敏教授即指出：「在我國立法例上，一則向來少有授權制定行政規則之明文規定，再則有關科技標準之訂定，法律亦皆有寬鬆之授權（例如，空氣污染防制法第 8 條第 5 項之既存固定污染源污染物排放量認可準則、原子能法第 24 條之游離輻射安全標準），可認定為法規命令。因此，在我國應尚無此種性質之行政規則。」❺

　　如前所述，法規命令與行政規則的區別，一方面在於是否需要法律的授權，二方面在於是否直接對外發生法規範效果。據此，欲判斷行政機關

---

❷　陳敏，《行政法總論》，頁 543（2007 年五版）。

❸　參見 *Fritz Ossenbühl*, Autonome Rechtsetzung der Verwaltung, in: Josef Isensee/Paul Kirchhof (Hrsg.), HStR III, 2. Aufl., 1996, § 65, Rn. 60; *Hermann Hill*, Normsetzung und andere Formen exekutivischer Selbstprogrammierung, in: Wolfgang Hoffmann-Riem/Eberhard Schmidt-Aßmann/Andreas Voßkuhle (Hrsg.), Grundlagen des Verwaltungsrechts, Band II: Informationsordnung, Verwaltungsverfahren, Handlungsformen, 2008, § 34, Rn. 44.

❹　可回頭參考本書第二章第 4 節之相關討論。

❺　陳敏，《行政法總論》，頁 542–543（2007 年五版）。

制定某一抽象、一般性的規範，係屬法規命令或行政規則，從形式外觀而言，也是以這兩個要素，作為主要的判斷指標。然而，單憑這些形式的判斷指標，有時仍然無法對行政機關所制定的規範，賦予明確的定性。比方說，倘若某抽象、一般的規定，並沒有得到法律的授權，但卻對外發生法規範效果，則此種規定既難以直接被定性成只規範行政機關內部組織或行為的「行政規則」，更因為沒有得到法律的授權，而無法以前述法規命令的拘束模式，判斷其內容究竟是否合法。在這個時候，針對此種規定，便往往會面臨如何選擇正確呼應其屬性之規範方式的難題，亦即，到底應該從行政規則的角度，認定此種規定不該對外發生法規範效果？或者應該從法規命令的角度，認定此種規定因未得法律授權，而違反法律保留？抑或是應該跳脫法規命令與行政規則的二分，逕認為此種規定根本歸屬於我國特有之「職權命令」的範疇？姑且暫時不論最後一種情形❹，從以上的例子已可看出，行政機關所制定的抽象、一般性規定，到底是法規命令，或是行政規則，一方面由於涉及該以何種方式施加規範拘束與審查，而至關重要；但另一方面，又因為往往不能單以形式標準來判斷，而容易引發許多認定上的困難與爭議。

---

❹ 大法官釋字第 443 號解釋理由書指出：「憲法所定人民之自由及權利範圍甚廣，凡不妨害社會秩序公共利益者，均受保障。惟並非一切自由及權利均無分軒輊受憲法毫無差別之保障：關於人民身體之自由，憲法第八條規定即較為詳盡，其中內容屬於憲法保留之事項者，縱令立法機關，亦不得制定法律加以限制（參照本院釋字第三九二號解釋理由書），而憲法第七條、第九條至第十八條、第二十一條及第二十二條之各種自由及權利，則於符合憲法第二十三條之條件下，得以法律限制之。至何種事項應以法律直接規範或得委由命令予以規定，與所謂規範密度有關，應視規範對象、內容或法益本身及其所受限制之輕重而容許合理之差異：諸如剝奪人民生命或限制人民身體自由者，必須遵守罪刑法定主義，以制定法律之方式為之；涉及人民其他自由權利之限制者，亦應由法律加以規定，如以法律授權主管機關發布命令為補充規定時，其授權應符合具體明確之原則；若僅屬與執行法律之細節性、技術性次要事項，則得由主管機關發布命令為必要之規範，雖因而對人民產生不便或輕微影響，尚非憲法所不許。」基於該解釋理由書之意旨，未得法律授權、但卻直接發生對外效力的「職權命令」，在我國行政法規範體系之下，似乎仍有生存的空間。詳見本書以下㊂職權命令之討論。不過，也正因為「職權命令」在學理與實務上都不曾真正被宣告退場，使得許多行政機關制定的規範「定性」問題，在我國變得更加複雜而困難。

　　以下所節錄之最高行政法院判決內容足以顯示：系爭規定係屬「法規命令」或「行政規則」，甚或「職權命令」的定性爭議，並不只是一個從形式規格即可判斷與解決的問題。在實務上，法院往往將未經法律授權、但卻足以影響人民權利義務關係的行政命令，依形式判斷而歸類為行政規則，進而免除對其法律授權依據的要求。這樣的傾向對於人民權利保障所可能造成的威脅，並不應該被低估。

【最高行政法院判決】

裁判字號：96 年判字第 648 號

裁判日期：民國 96 年 04 月 18 日

上　訴　人　甲○○○○○○

被上訴人　屏東縣政府

　　上列當事人間因文化資產保存事件，上訴人對於中華民國 94 年 9 月 27 日高雄高等行政法院 93 年度訴字第 892 號判決，提起上訴，本院判決如下：

主　　文

上訴駁回。

上訴審訴訟費用由上訴人負擔。

理　　由

　　一、緣坐落屏東縣九如鄉○○段 224、225 地號土地之甲○○○○○○（門牌號碼：屏東縣九如鄉○○村○○街 174 號），經該廟之信徒 116 人（代表人楊天居）等於民國（下同）92 年 2 月 6 日提出列入古蹟之申請，經其補齊相關文件後，被上訴人乃依文化資產保存法有關規定邀集相關單位及專家學者組成審查小組，並歷經現場勘查、溝通聯繫、地方民意等事項後，於 93 年 5 月 14 日經審查小組各專家學者審查通過指定為縣定古蹟，並以 93 年 5 月 27 日屏府文資字第 0930100571 號函公告指定九如鄉三山國王廟為縣定古蹟，上訴人不服，遂循序提起本件行政訴訟。

　　二、本件上訴人在原審起訴意旨略以：內政部 87 年 7 月 3 日 (87) 台內民字第 8777876 號函訂定發布之「古蹟指定審查處理要點」，應屬中央法規標準法第 7 條之職權命令，其未經法律授權，甚為明確，而依行政程序法第 174 條之 1 規定，此一職權命令已因逾 2 年之過渡期間而告失效，被上訴人依該已失效之法令辦理

古蹟指定，顯係違法。另文化資產保存法施行細則第37條第2項僅規定「得」邀請古蹟所有人等到場說明，為保障上訴人及信徒公眾參與、表達意見之機會，牴觸文化資產保存法及行政程序法第102條之規定，其規定應屬無效。又縱認該處理要點或文化資產保存法施行細則之規定係屬合法，惟被上訴人並未邀請上訴人於實地勘查時到場說明，且遲至古蹟指定審查會議召開前3日始函知上訴人參與，亦有違誠信原則。另被上訴人未考慮眾多信徒之意見，僅憑少數信徒之意見及決定指定為古蹟，顯未注意上訴人之有利情形，並違比例原則。再就實質面而言，系爭三山國王廟已具古蹟之要件及價值，被上訴人仍將之指定為古蹟，亦有濫用裁量權之違法。為此請判決將訴願決定及原處分均撤銷等語。

......。

五、本院按：甲○○○○○○○為依監督寺廟管理條例登記之寺廟，為非法人團體，具有當事人能力，其管理委員會為內部機關，並非本件當事人，故本件應以甲○○○○○○○為當事人，起訴書以該廟管理會為當事人，尚有未合。原審未加闡明，命當事人改正，尚有疏漏，惟此種錯誤，尚不影響當事人同一性，本院逕予以更正，合先敘明。「本法施行前，行政機關依中央法規標準法第7條訂定之命令，須以法律規定或以法律明列其授權依據者，應於本法施行後2年內，以法律規定或以法律明列其授權依據後修正或訂定；逾期失效。」為行政程序法第174條之1所定。復按行政程序法第159條第1項規定：「本法所稱行政規則，係指上級機關對下級機關，或長官對屬官，依其權限或職權為規範機關內部秩序及運作，所為非直接對外發生法規範效力之一般、抽象之規定。」至於其類型，依同條第2項規定，包括機關內部之一般性規定、解釋性規定與裁量基準。又參酌司法院釋字第443號解釋理由所稱：「若僅屬與執行法律之細節性、技術性次要事項，則得由主管機關發布命令為必要之規範，雖因而對人民產生不便或輕微影響，尚非憲法所不許」之意旨，行政機關所定之行政規則，可不受法律保留原則之拘束。準此，行政程序法第174條之1所適用之對象，並不包括行政規則在內，其理甚明。原審以：系爭「古蹟指定審查處理要點」乃內政部基於古蹟主管機關之地位，為辦理國定、省（市）定及縣（市）定古蹟之指定審查而訂定，其內容係就古蹟之指定程序所為細節性之規定，核屬主管機關就法律之實施所訂立處理辦

法之行政規則，並非具有外部效力之職權命令或法規命令，自無行政程序法第174條之1之適用乙節，依上開說明，核無不合；且原判決引用司法院釋字第443號解釋，認本件並無行政程序法第174條之1規定之適用，亦無理由矛盾之違背法令情事。至該要點第7點前段所定古蹟所有權人參與會議之權利義務，係屬行政規則之訂定因而對人民產生之輕微影響，依上引司法院解釋意旨，仍屬行政規則，尚不因該點規定而影響其為行政規則之認定。故上訴意旨以：「古蹟指定審查處理要點」既非機關內部之一般性規定，亦非解釋性規定或裁量基準，自非行政程序法第159條第2項規定之行政規則。由於該要點第7點前段係規範古蹟所有權人參與會議之權利義務，顯係對人民之權利義務之規範，其性質應屬中央法規標準法第7條規定之職權命令或法規命令，依行政程序法第174條之1規定，該處理要點業已失效。然原判決誤認上開要點係屬行政規則，並無行政程序法第174條之1規定之適用，顯有不當適用行政程序法第159條、第174條之1等規定之違背法令，且原判決既引用司法院釋字第443號解釋，卻又認本件並無行政程序法第174條之1規定之適用，亦有理由矛盾之違法云云，指摘原判決，揆諸上述說明，顯屬誤解法律規定而殊無足取。……。

更複雜的是，原本在以「法律拘束」為核心的行政法體系之下，上述定性問題的釐清，或可溯及立法者（法律）究竟將系爭規定之屬性，認定為法規命令或行政規則。但是有時候，法律的明文規定，反而為上述定性問題帶來更大的困擾。例如，我國稅捐稽徵法第1條之1規定：「財政部依本法或稅法發布之解釋函令，對於據以申請之案件發生效力。但有利於納稅義務人者，對於尚未核課之案件適用之。」使得規範行政下級機關及屬官法律解釋行為的「解釋函令」，原本在性質上較趨近行政規則，但在一定條件下，竟可直接對外發生法規範效果，拘束人民及行政法院，就此反而引發對此解釋函令之屬性、甚至此項法律規定，究竟合憲與否的爭議。關於這一點，或有學者認為，稅捐稽徵法第1條之1所稱之解釋函令，性質上屬於中央法規標準法第7條所稱之職權命令，應按其性質，分別下達或發布❹。不過，如果採取這樣的看法，無異於承認行政主管機關在此有權制

❹　關於解釋函令之法律性質，葛克昌教授先是指出：「稅法解釋函令，為各機關依其法定職權訂

定直接對外發生法律效果的職權命令；然而，在解釋函令不免牽涉人民權利義務的屬性之下，這種職權命令是否還能符合中央法規標準法第 5 條，關於人民之權利、義務，須由「法律」定之的法律保留要求，恐怕會出現疑問。此外，亦有學者主張，解釋函令為機關對機關或人民所為之法規釋示，非基於制定抽象法規之意思為之，外觀上亦不具有一般法規之名稱及形式，且非送立法院，應非中央法規標準法第 7 條所稱之職權命令或法規命令，頂多只能說是行政規則，甚且對申請法規解釋之納稅義務人而言，應只具有所謂事實上「提供訊息」的效果❹。這樣的看法固然吻合一般對於解釋函令較趨近於行政規則之性質的理解，卻更加凸顯出稅捐稽徵法第 1 條之 1 規定違背行政規則的規範邏輯。對此，有學者即批評：「稅捐稽徵法第一條之一如有意義，當係指財政部之解釋函令對『據以申請之案件』發生外部之『法律效力』。……惟此處之『法律效力』，究係指在行政內部拘束稽徵機關之效力，抑或亦包括拘束人民及行政法院之外部效力，仍有待進一步之探討。……所謂『發生效力』或『適用』也者，如係對納稅義務人及行政法院具有拘束力，仍無異在法規命令之外，賦予財政部制定一種特殊法規範之權力，有違權力分立及法律保留之憲法原則，應屬違憲而無效。」❹本書亦認為，就功能屬性看來，解釋函令既然是行政機關基於職權而為法規之解釋❺，其直接規範與拘束的對象，自應侷限於行政機關內

定之命令，應按其性質分別下達或發布（中央法規標準法第七條）。」似乎將解釋函令定性為中央法規標準法第 7 條意義下的「職權命令」；然而，氏隨後又立即說明：學理上一般認為，解釋函令應為「行政規則」。參見葛克昌，〈稅法解釋函令之法律性質：兼論稅捐稽徵法第一條之一之增訂〉，《月旦法學雜誌》，第 21 期，頁 69–73，71（1997 年）。另於同文第 73 頁註 5 處又提及：「解釋令函是否即為中央法規標準法第七條所謂之『職權命令』，則依解釋函令範圍採廣義狹義見解而不同，採取狹義見解者，認為解釋函令不包括以條文方式之職權命令，最狹義者亦不包含裁量準則。」從上下文脈總體觀察，葛教授究係將解釋函令歸類為職權命令或行政規則，似乎還有討論空間。

❹ 詳見陳敏，〈租稅法之解釋函令〉，《政大法學評論》，第 57 期，頁 1–35，5–11（1997 年）。陳教授於此明確表示：「財政部以「函」之公文程式，對稽徵機關或人民所為之法規釋示，財政部原非基於制定抽象行政法規之意思為之，外觀上不具一般法規之名稱及形式，且並未送立法院者，應非中央法規標準法第 7 條所稱之『職權命令』或『法規命令』，於理甚明。」

❹ 陳敏，〈租稅法之解釋函令〉，《政大法學評論》，第 57 期，頁 1–35，25（1997 年）。

❺ 關於解釋函令性質的一般性討論，可參見陳敏，《行政法總論》，頁 548–549（2007 年五版）；

部。由於根據稅捐稽徵法第 1 條之 1 的立法理由，該條規定之立法目的，乃是為了避免解釋函令因溯及既往，造成納稅義務人的租稅義務，長期處於不穩定狀態 ❺，而應非試圖宣示解釋函令普遍的對外法規範效果，因此，所謂解釋函令「對於據以申請之案件發生效力」，並不宜解為該解釋函令就此得以開展全面的對外法規範效力，甚至得以拘束法院，而應朝該解釋函令「原則上不溯及既往」的方向來理解 ❺。至於其所創設的「對外」法規範效力射程如何，有鑑於對人民權利義務狀態可能造成的影響，無論如何應採限縮性之解釋，並確保法院有介入審查系爭解釋函令合法性的空間。據此，不論解釋函令被認為具有一定的對外法規範效果，或者原則上只對行政機關內部發生效力，都不應妨礙解釋函令的內容成為法院一併進行合法性審查的標的（詳後述）。

　　回到行政規則的概念定義與功能種類。總體而言，行政規則依其功能屬性，仍可依照行政程序法的規定，大別為規範行政機關內部組織，以及

葛克昌，〈稅法解釋函令之法律性質：兼論稅捐稽徵法第一條之一之增訂〉，《月旦法學雜誌》，第 21 期，頁 69–73（1997 年）；陳敏，〈租稅法之解釋函令〉，《政大法學評論》，第 57 期，頁 1–35，11–12（1997 年）；蔡茂寅，〈函釋的法律性質〉，《月旦法學教室》，第 74 期，頁 24–25（2001 年）；黃俊杰，〈解釋函令之法源與性質〉，《稅務旬刊》，第 1897 期，頁 23–26，25（2004 年）；黃茂榮，〈稅捐法源〉，《稅法總論——第一冊：法學方法與現代稅法》，頁 631–704，655–657（2005 年二版）；柯格鐘，〈稅法之解釋函令的效力——以稅捐實務上娼妓所得不予課稅為例〉，《成大法學》，第 12 期，頁 61–93，67–72（2006 年）；葛克昌，〈解釋函令與財稅行政〉，《所得稅與憲法》，頁 501–545，516–521（2009 年三版）。

❺ 參見葛克昌，〈稅法解釋函令之法律性質：兼論稅捐稽徵法第一條之一之增訂〉，《月旦法學雜誌》，第 21 期，頁 69–73，69–70（1997 年）；陳敏，〈租稅法之解釋函令〉，《政大法學評論》，第 57 期，頁 1–35，24（1997 年）。關於這項規範意旨，亦可回頭參照大法官釋字第 287 號解釋理由書：「行政機關基於法定職權，就行政法規所為之釋示，係闡明法規之原意，性質上並非獨立之行政命令，固應自法規生效之日起有其適用。惟對同一法規條文，先後之釋示不一致時，非謂前釋示當然錯誤，於後釋示發布前，主管機關依前釋示所為之行政處分，其經行政訴訟判決而確定者，僅得於具有法定再審原因時依再審程序辦理；其未經訴訟程序而確定者，除前釋示確屬違法，致原處分損害人民權益，由主管機關予以變更外，為維持法律秩序之安定，應不受後釋示之影響。」

❺ 同此觀點參見林三欽，〈教師升等案——解釋函令之拘束力及其變更後之適用問題〉，《台灣本土法學雜誌》，第 44 期，頁 123–130，129–130（2003 年）；葛克昌，〈解釋函令與財稅行政〉，《所得稅與憲法》，頁 501–545，532–534（2009 年三版）；陳清秀，〈稅法上行政規則之變更與信賴保護〉，《法學新論》，第 18 期，頁 53–69，54–58（2010 年）。

規範行政機關解釋與適用法律行為兩種類型。基本上，行政規則的制定，來自行政實務所需，以管理與規範行政下級機關或屬官為目的，從而如前所述，在德國法區分「外部法」與「內部法」的傳統之下，歸屬於內部法的範疇❸。由於行政規則基於內部法的性質，毋須以法律授權為合法要件，其內容之形成不需要繫於法律授權的範圍，因此，我國行政法體系對於行政規則的規範，也如同德國一般，獨立於法規命令的規範系統之外，而容許行政機關在行政規則的制定上，享有較不受法律嚴格束縛的形成空間。也正因為行政規則原則上只規範行政內部事宜，所以在制定程序上，原則上只需要下達，而不需要對外發布。行政程序法第 160 條第 1 項即規定：「行政規則應下達下級機關或屬官。」不過，針對指導行政機關解釋與適用法律的行政規則，同條第 2 項則規定，須由首長簽署，並登載於政府公報予以發布。之所以有這項特別規定，正是因為這一類型的行政規則，將隨著行政主管機關解釋與適用法律的行為，間接對外、亦即對人民發生法律效果，從而被認為有對外發布的必要性。這一點於是涉及行政規則經常被討論的外部效力問題。

2. 外部效力問題

如前所述，行政規則既出自行政內部實務所需，原則上只具有管控行政機關組織與行為的「內部」效力。行政程序法第 161 條即規定：「有效下達之行政規則，具有拘束訂定機關、其下級機關及屬官之效力。」不過，由於行政規則有一大部分的功能，在規範行政機關對法律的解釋及適用，而行政機關解釋及適用法律的結果，又往往適用在關涉人民的具體個案上，因此根據行政程序法的規定，行政規則仍有可能間接、亦即透過行政機關的解釋與適用行為，發生「外部」的、對人民發生效力的法規範效果。更精確地說，一旦行政機關根據行政規則所建立的一致性標準，在同類案件中，以同樣的方式，重複解釋與適用法律，此時行政規則即足以間接發生對外之法規範效果。由於我國行政法學在這個部分，同樣大舉繼受德國法

---

❸ 請參照本書第二章第 4 節的討論。

的思想脈絡，因此，根據國內一般的見解，行政規則此一間接發生的對外法規範效力，也如同德國主流觀點所主張的一般，應來自行政機關基於憲法上平等原則而導出的行政自我拘束 (Selbstbindung der Verwaltung)❺❹。

　　從以下兩則最高行政法院之裁判可知，最高行政法院亦肯認行政機關所制定的行政規則，在基於憲法平等原則所引導得出的行政自我拘束原則之下，足以進而產生間接的外部法規範效力。

【最高行政法院判決】

裁判字號：98 年判字第 472 號

裁判日期：民國 98 年 05 月 07 日

上　訴　人　燦坤實業股份有限公司

被上訴人　財政部臺灣省南區國稅局

　　上列當事人間營業稅事件，上訴人對於中華民國 96 年 3 月 8 日高雄高等行政法院 95 年度訴更一字第 22 號判決，提起上訴，本院判決如下：

主　　文

原判決關於罰鍰部分及訴訟費用之裁判均廢棄。

廢棄部分，訴願決定及原處分均撤銷。

其餘上訴駁回。

第一審及上訴審訴訟費用均由上訴人負擔。

理　　由

　　一、緣上訴人為依法使用統一發票之公司，於民國 87 年 4 月 11 日與地主劉福藻等人訂定土地租賃契約書，承租劉福藻等人所有坐落高雄縣岡山鎮○○段 759、759 之 1、759 之 2、759 之 3、757 之 5、757 之 18 及 918 之 4 地號等 7 筆土地（以下簡稱系爭土地），期間自 87 年 9 月 1 日起至 97 年 8 月 31 日止。又租賃期間除由上訴人預開支票，按月給付土地租金外，並約定由上訴人出資在上開土地上建造房屋，而以地主劉福藻等共有人為起造人，建物建造完成後由地主為保存登記，取得該造價新臺幣（下同）12,457,143 元之鋼骨結構造建築物乙棟（以下簡稱系爭建物），惟租賃期間該建物則作為上訴人經營電器百貨量販店之賣場。

---

❺❹　關於德國法對這一點的討論，詳見本書第二章第 4 節。

又系爭建物於 88 年 1 月 21 日竣工，上訴人就該建物之工程造價未依法開立統一發票，亦未於規定期間內申報銷售額及繳納營業稅，致生逃漏稅額 622,857 元，案經原處分機關臺南市稅捐稽徵處查獲，審理違章成立，乃據以核定補徵營業稅 622,857 元，並按所漏稅額處 5 倍之罰鍰 3,114,200 元（計至百元止）。上訴人不服，申請復查，未獲變更，提起訴願，亦遭決定駁回，遂提起本件行政訴訟。前經高雄高等行政法院以 91 年度訴字第 1076 號判決將上訴人之訴駁回，上訴人不服，提起上訴，由本院將原判決廢棄，發回更審後，仍遭高雄高等行政法院駁回，上訴人猶表不服，遂再提起上訴。

……。

　　五、本院按：……

　　㈡本件主要爭點在於上訴人向地主劉福藻等人承租系爭土地，除約定支付租金外，並約定由上訴人出資在該土地上建造房屋，而以出租人劉福藻等人為起造人，並於建物建造完成後，由劉福藻等人辦理保存登記，然系爭建物建造完成後，劉福藻等人並未就該建物辦理保存登記，並由上訴人使用該建物營業之情形，是否符合行為時營業稅法第 3 條第 3 項第 1 款規定視為銷售貨物之行為，應由上訴人就系爭建物之造價開立統一發票，並申報銷售額及繳納營業稅，爰分析如下：

……。

2.罰鍰部分（上訴有理由）：

　　按「一、營業人承租土地，以地主名義於承租土地上出資興建房屋，並約定租賃期間由承租人使用該房屋者，地主及承租人應分別以建物營建總成本，按租賃期間平均計算各年度收入，但當年度租賃時間未滿一年者，應按月比例計算當年度收入，並於租賃期間之每年 12 月 31 日前及租賃期滿時，加計當年度現金租金收入，開立統一發票報繳營業稅。二、本部 85 年 12 月 11 日台財稅第 851928804 號函及 91 年 6 月 21 日台財稅字第 0910034284 號函，自本令發布日起廢止。三、本令發布日尚未核課確定案件，應輔導營業人依本令辦理，補稅免罰。」經財政部 96 年 3 月 16 日台財稅字第 09604517940 號函釋在案，就相關租金如何開立統一發票報繳營業稅，已有新函釋，本件原審所適用之財政部 91 年 6 月 21 日台財稅字第 0910034284 號函釋，業經財政部廢止，而本件爭訟之罰鍰部分，即屬財政部

96 年 3 月 16 日新函釋發布日尚未核課確定案件。又稅捐稽徵法第 48 條之 3 規定「納稅義務人違反本法或稅法之規定，適用裁處時之法律。但裁處前之法律有利於納稅義務人者，適用最有利於納稅義務人之法律」係針對法律變更之適用所為之規定，前述財政部之函示並非法律，本無稅捐稽徵法第 48 條之 3 規定之適用。惟財政部既揭示「本令發布日尚未核課確定案件，應輔導營業人依本令辦理，補稅免罰」等語，又有利於納稅義務人，基於行政自我拘束原則，即應適用新函釋，免予處罰，雖該函釋為原審所不及適用，然仍應認上訴為有理由，應由本院將此部分之原判決廢棄，並本於原審確定之事實自為判決，將原處分及訴願決定關於罰鍰部分予以撤銷。

【最高行政法院判決】

裁判字號: 98 年判字第 256 號

裁判日期: 民國 43 年 03 月 19 日

上　訴　人　基泰營造股份有限公司

被上訴人　財政部臺北市國稅局

　　上列當事人間營業稅事件，上訴人對於中華民國 96 年 1 月 31 日臺北高等行政法院 95 年度訴字第 1605 號判決，提起上訴，本院判決如下：

主　　文

上訴駁回。

上訴審訴訟費用由上訴人負擔。

理　　由

　　一、本件上訴人於民國（下同）89 年 11 月 1 日至 90 年 4 月 30 日間進貨（勞務），未依法取得憑證，而以非實際交易對象之虛設行號大春營造有限公司（下稱大春公司）所開立之統一發票 11 紙，金額新臺幣（下同）4,363,532 元（不含稅），作為進項憑證扣抵銷項稅額，虛報進項稅額 218,176 元，案經法務部調查局北部地區機動工作組（下稱調查局北機組）查獲函轉被上訴人審理違章事證明確，乃依加值型及非加值型營業稅法第 51 條第 5 款規定，核定上訴人應補徵營業稅 218,176 元，並按其所漏稅額 218,176 元處 5 倍罰鍰 1,090,800 元（計至百元止）。

上訴人不服，申請復查亦遭駁回，循序提起本件行政訴訟。

……。

五、本院按：……復查關於構成行為時營業稅法第51條各款之違章處罰，依該條規定係按所漏稅額處1倍至10倍罰鍰，關於此違章罰鍰倍數之裁量，財政部本於其上級行政機關之地位，為簡化執行機關之個案行政裁量，而頒布有「裁量性準則」之行政規則，即「稅務違章案件裁罰金額或倍數參考表」；而此準則即係就各類違章行為之違章情節及危害情狀為整體之衡量，所訂定之裁量基準。是被上訴人為裁罰時，自應受裁罰時該參考表之拘束，否則有違行政自我拘束原則。故上述行政規則以違章人事後是否已補繳所漏稅款及是否已承認違章行為，作為減輕罰鍰之裁量事項，乃基於違章行為人違章後之態度及減輕國家資源用於查證違章事實之浪費，屬於違章情節輕重裁量之一項，核與行為時營業稅法第51條第5款之規定授權裁量之意旨不悖。本件上訴人有進貨事實，取具虛設行號大春公司開立之統一發票11紙作為進項憑證，申報扣抵銷項稅額，虛報進項稅額218,176元，已如前述，又上訴人雖於95年7月2日補繳1/2稅款109,088元，惟迄未出具書面或於談話筆錄中承認違章事實，核無上開稅務違章案件裁罰金額或倍數參考表減輕裁罰倍數規定之適用，從而，被上訴人審酌上訴人違章情節輕重，並參酌本件裁罰時之稅務違章案件裁罰金額或倍數參考表，按所漏稅額處5倍罰鍰共計1,090,800元（計至百元止），尚無違誤等由，業經原判決敘明甚詳，經核並無不合。上訴意旨猶執：原判決將有進貨事實但取得虛設行號所開立之憑證申報扣抵之違章情節，未區分情節輕重，均按所漏稅額處5倍罰鍰；甚且將財政部以行為人是否已補繳稅款、以書面或於談話筆錄中承認違章事實及何時承認之行為後態度作為減輕處罰之裁量基準，誤以為係按違章行為情節之輕重，而作出之裁罰參考表，而認定原處分並無違誤，係與營業稅法第51條第5款之規定意旨相悖，且有判決前後理由矛盾之違法云云，殊無可取。……。

正因為有行政自我拘束的規範要求，方才使得被重複解釋與適用的行政規則，有間接對外發生法規範效力，從而讓人民得據以主張權利救濟的空間❺❺。我國行政程序法第6條規定：「行政行為，非有正當理由，不得為

❺❺　詳見陳敏，《行政法總論》，頁554–557（2007年五版）；陳春生，〈行政規則外部效力問題〉，台灣行政法學會主編，《行政法爭議問題研究（上）》，頁361–374，367–370（2000年）。

差別待遇。」從這項規定可以看出，根據憲法上的平等原則而導出的行政自我拘束，已經變成我國的成文法規範。據此，一旦行政機關在個案中的法律解釋與適用，偏離其以往所依循的行政規則，進而造成對當事人不利的後果，此時當事人即可根據系爭行政規則間接發生之外部法規範效力，主張行政機關因違反系爭行政規則，而侵害其法律上的權利。

3.司法審查

由於行政規則原則上只具有對行政機關內部的效力，因此在這種僅具內部效力的情形，原則上也不會有法院介入審查行政行為的空間與必要性。不過，如前所述，正因為行政規則往往會間接發生對外的法規範效果，所以在這種情況下，便會產生法院在審查過程中，是否一併受到行政規則拘束的問題。對此，大法官早期雖於釋字第 137 號解釋中表示：「法官於審判案件時，對於各機關就其職掌所作有關法規釋示之行政命令，固未可逕行排斥而不用，但仍得依據法律表示其合法適當之見解。」但在後來的釋字第 216 號解釋，則已明確修正其意見：「法官依據法律獨立審判，憲法第八十條載有明文。各機關依其職掌就有關法規為釋示之行政命令，法官於審判案件時，固可予以引用，但仍得依據法律，表示適當之不同見解，並不受其拘束，本院釋字第一三七號解釋即係本此意旨……。」顯見根據大法官解釋的立場，間接發生對外法規範效力之行政規則，原則上並不足以拘束法院，甚且應一併成為法院審查的對象❺❻。

❺❻ 國內學界也普遍支持「法院不受行政規則拘束，並有權審查行政規則」的看法。例可參見：翁岳生，〈論法官之法規審查權（上）〉，《月旦法學雜誌》，第 4 期，頁 71–80（1995 年）；廖元豪，〈行政程序法命令訂定程序之研究〉，《華岡法粹》，第 27 期，頁 301–338, 331（1999 年）；陳慈陽，〈司法審查權之類型及司法院之定位——以違憲審查之憲法法院專屬管轄制度定位與作用為研究對象〉，台灣法學會主編，《臺灣法學新課題(一)》，頁 1–26, 3–25（2003 年）；林三欽，〈行政法令變遷與信賴保護——論行政機關處理新舊法秩序交替問題之原則〉，《東吳法律學報》，第 16 卷第 1 期，頁 131–186（2004 年）；陳清雲，〈稅法解釋函令與違憲審查（上）——司法院大法官釋字第四九六號解釋評析〉，《台灣本土法學雜誌》，第 62 期，頁 55–66（2004 年）；陳清雲，〈稅法解釋函令與違憲審查（下）——司法院大法官釋字第四九六號解釋評析〉，《台灣本土法學雜誌》，第 63 期，頁 79–91（2004 年）；陳淑芳，〈行政規則之法律性質〉，《月旦法學教室》，第 31 期，頁 30–31（2005 年）；黃俊杰，〈行政立法系列：第二講——行政規

以下所節錄之最高行政法院裁判即明確闡示：行政機關所制定之行政規則，雖有間接對外之法規範效力，但並不以此拘束行政法院，甚且應成為行政法院審查的對象。

【最高行政法院判決】

裁判字號：94 年判字第 931 號

裁判日期：民國 94 年 06 月 30 日

上　訴　人　乙〇〇

被上訴人　臺北市政府

上列當事人間因戶政事件，上訴人對於中華民國 92 年 12 月 25 日臺北高等行政法院 90 年度訴字第 5982 號判決，提起上訴。本院判決如下：

主　文

原判決廢棄，發回臺北高等行政法院。

理　由

一、上訴人於民國（下同）八十九年十一月十二日檢具家譜公證書，向被上訴人所屬中山區戶政事務所申請更正其出生年月日，由「民國伍年玖月玖日」更正為「民國拾肆年玖月玖日」，被上訴人所屬中山區戶政事務所認上訴人所提經財團法人海峽交流基金會（以下簡稱海基會）驗證之「浙江省餘姚市家譜公證書」申請更正戶籍登記出生年月日，前業經被上訴人八十五年八月二十日八五府民四字第八五〇五八三二四號函復在案，略以其所檢附之公證書未援引原始資料，其發證日期亦較其在台初次設籍為晚，無法採認，且「家譜」屬私人文書，尚乏公信力，不予採認等語，而目前適用之法令與被上訴人八十五年函所援用之法令相同，乃以八十九年十一月二十九日北市中戶一字第八九六一七九三七〇〇號書函否准所請。上訴人不服，向被上訴人提起訴願，經被上訴人審認關於更正戶籍登記出生年月日之主管機關應為被上訴人，被上訴人所屬中山區戶政事務所逕否准所請，難謂妥適，以九十年五月九日府訴字第九〇〇一五一四二〇〇號訴願決定將原處分撤銷，責由原處分機關於收受決定書之次日起三十日內另為處理。被上訴人所屬中山區戶政事務所遂於九十年五月二十一日將本件申請案移送被上訴

則），《月旦法學教室》，第 83 期，頁 53-62（2009 年）；陳清秀，〈稅法上行政規則之變更與信賴保護〉，《法學新論》，第 18 期，頁 53-69（2010 年）。

人處理，被上訴人審理結果仍認上訴人所請與法不符，歉難辦理，於九十年五月二十五日以府民四字第九〇〇四三五三一〇〇號函否准申請。上訴人不服，提起訴願，遭決定駁回，遂提起行政訴訟。……。

六、本院查：……

（二）按何種文書始有作為證據方法之資格（證據能力），除依行政訴訟法第一百七十六條準用民事訴訟法第二百一十九條規定之事項（關於言詞辯論所定程式之遵守，專以筆錄證之）外，法律於原則上並無限制，另內政部依職權訂定之「更正戶籍登記出生年月日辦法」第三條第一項固限定申請更正戶籍登記出生年月日所應提出之證明文件為六種公私文書，而排斥其他私文書，但此行政命令於原審言詞辯論終結前既已廢止，即不生任何拘束力問題，原審本應就上訴人所提各種書證之證明力予以實質審酌，方為正辦，卻僅以鳳生家譜係屬私文書，不符「更正戶籍登記出生年月日辦法」第三條所規定可採認之證件，即否定其證據能力而未進一步審酌其證明力，亦有未洽。至於內政部在廢止「更正戶籍登記出生年月日辦法」同日修正發布之「戶籍更正登記要點」（原名稱「戶籍登記錯誤申請更正處理要點」）固亦限定申請更正戶籍登記出生年月日所應提出之證明文件為七種公私文書（第四、五點參照），但此要點亦無法律授權依據，核係內政部為協助下級機關或屬官統一認定事實，而訂頒之解釋性行政規則，依行政程序法第161條規定及司法院大法官會議釋字第216號解釋意旨，僅具有拘束訂定機關、其下級機關及屬官之效力，而不及於法院。且該要點限定具有證據能力之書證種類為七種公私文書，而排斥其他私文書（按該要點第四點第七款所謂「其他機關（構）核發之足資證明文件」，仍排斥其他非機關（構）製作之文書），乃增加法律所無限制，亦難逕行援用，併此敘明。……。

【最高行政法院判決】

裁判字號: 98 年判字第 1242 號

裁判日期: 民國 98 年 10 月 22 日

上　訴　人　神達電腦股份有限公司

代 表 人　甲〇〇

被上訴人　財政部臺灣省北區國稅局

　　上列當事人間營利事業所得稅事件，上訴人對於中華民國96年11月7日臺北高等行政法院96年度訴字第71號判決，提起上訴，本院判決如下：

主　文

原判決廢棄，發回臺北高等行政法院。

理　由

　　一、上訴人民國90年度營利事業所得稅結算申報，列報投資自動化設備可抵減稅額新臺幣（下同）5,128萬4,396元、研究與發展支出5億6,727萬9,685元及可抵減稅額1億4,181萬9,921元。被上訴人依上訴人提供之組織圖及部門隸屬關係對照表進行查核，以部門代號3L00100（原判決部分誤載為3L10100）（技術服務中心管理室）、3L10100（產品測試部管理室）、3L30100（測試技術部管理室）、3N00100（工程支援中心管理室）、3N00400（工程支援中心PCB工程處）、3N00700（工程支援中心EMC實驗室）、3N00500（EMC工程二處）、3N00600（EMC工程三處）、3N10100（安規工程部管理室）等部門非屬研究發展單位（下稱系爭9部門），否准認列該等部門員工薪資4,067萬3,287元為研究發展支出。上訴人不服，循序提起行政訴訟，遭原審判決駁回，遂提起本件上訴。

　　……。

　　五、本院經核原判決固非無見。惟查：

　　㈠按「公司得在投資於研究與發展及人才培訓支出金額百分之五至百分之二十五限度內，抵減當年度應納營利事業所得稅額；……。」88年12月31日修正公布89年1月1日施行之促進產業升級條例第6條第2項（下稱行為時促進產業升級條例）定有明文。而依行為時促進產業升級條例第6條第4項授權訂定之研發抵減辦法第2條第1項及第8條則分別規定：「本辦法所稱研究與發展之支出，包括公司為研究新產品或新技術、改進生產技術、改進提供勞務技術及改善製程所支出之下列費用：一、研究發展單位專門從事研究發展工作之全職人員之薪資。……。」「公司依本辦法規定投資於研究與發展及人才培訓之支出，應於辦理當年度營利事業所得稅結算申報時依規定格式填報，並依下列規定檢附有關證

明文件，送請公司所在地之稅捐稽徵機關核定其數額。稅捐稽徵機關於核定其抵減稅額時，如對公司申報之支出內容或相關事項有疑義，可洽各中央目的事業主管機關協助認定：一、研究與發展支出：㈠公司之組織系統圖及研究人員名冊。……㈥研究計畫及紀錄或報告。㈦其他有關證明文件。」另財政部就公司依88年12月31日修正前促進產業升級條例第6條第1項第3款及公司研究與發展人才培訓及建立國際品牌形象支出適用投資抵減辦法規定，適用投資抵減之支出內容、認列原則及應檢附之文件等，曾訂頒「89年審查要點」。嗣又為公司依88年12月31日修正促進產業升級條例第6條第2項及研發抵減辦法相關規定，適用投資抵減之支出內容、認列原則及應檢附之文件，修正發布「93年審查要點」。其中93年審查要點因於93年10月26日始發布，並訂定自93年10月26日生效，且其性質屬行政程序法第159條第2項第2款所規定為協助下級機關認定事實之解釋性行政規則，參諸稅捐稽徵法第1條之1規定，其內容如有較89年審查要點不利於上訴人部分，於本件即不能適用。……。

　　以我國行政規則現有之類型❺❼而言，較容易發生行政規則內容是否拘束法院之爭議的情形，當屬行政機關為統一下級機關及屬官裁量權的行使，而制定的裁量基準。在這裡，由於裁量權的行使，本即行政機關基於法律授權而來的權力，因此論者有謂，法院對於行政機關所制定裁量基準性質的行政規則，原則上應予尊重❺❽。這樣的看法固然有其論據，但必須注意的是，既然法院對於行政裁量，仍保有合法性審查之權限，則行政機關為統一裁量權限之行使，所制定之行政規則，自然也不當然拘束法院。換句話說，法院仍有權審查此類行政規則的合法性❺❾，亦即審查其是否合乎上位法規範所給定之裁量範圍，以及授權之目的❻⓪。

　　以下所節錄之裁判內容，即係最高行政法院針對行政機關統一裁量權

❺❼　在這裡暫不討論前述德國法上所謂「將規範具體化之行政規則」的拘束力問題。相關論述詳見本書第二章第4節之內容。

❺❽　例可參見陳敏，《行政法總論》，頁559（2007年五版）。

❺❾　同此觀點參見 *Hartmut Maurer*, Allgemeines Verwaltungsrecht, 17. Aufl., 2009, S. 636 f.

❻⓪　行政程序法第10條參照：「行政機關行使裁量權，不得逾越法定之裁量範圍，並應符合法規授權之目的。」

限所發布之行政規則，是否為無瑕疵之裁量的問題，進行合法性審查。

【最高行政法院判決】

裁判字號: 93 年判字第 103 號

裁判日期: 民國 93 年 02 月 12 日

上 訴 人　乙〇〇

被上訴人　桃園縣政府

　　右當事人間因違反電子遊戲場業管理條例事件，上訴人對於中華民國九十一年十一月六日臺北高等行政法院九十年度訴字第五九四七號判決，提起上訴。本院判決如左:

主　　文

原判決關於罰鍰部分及其訴訟費用之裁判均廢棄。

右廢棄部分，訴願決定及原處分均撤銷。

其餘上訴駁回。

右廢棄部分，第一審及上訴審訴訟費用均由被上訴人負擔; 駁回部分，上訴審訴訟費用由上訴人負擔。

理　　由

　　上訴人起訴主張: 本件雖經警方以顧客邱瑞勝供稱有向李周欣兌換二千元，涉及賭博行為移送桃園地方法院檢察署。然本案除邱瑞勝外，其餘現場人員李周欣等（十四人）均否認有涉及賭博行為，且該案迄今仍在偵查階段尚未終結，被上訴人在司法機關未判決前即處上訴人高額罰鍰二百四十萬元，是為裁量權之濫用; 又本件被上訴人裁罰時，係依被上訴人所訂定之「電子遊戲場業違規罰鍰金額標準」，原訂一律處以二百五十萬元最高額罰鍰，繼之於九十年四月三日依其修正之電子遊戲場業違規營業罰鍰金額標準，第一次違反者處罰鍰二百四十萬元，第二次違反則處罰鍰二百五十萬元，處上訴人罰鍰二百四十萬元，完全未考量個案機台種類、數量、查獲人數、查獲金額等不同情形，顯有行政怠惰及違反行政法上之比例原則。又司法院釋字五〇三號並未提及刑罰與行政罰得併罰，而係確立「一事不二罰」原則，且與本件無關。依權力分立設計與我國行政法院判例，司法機關之判決得拘束行政機關（二十九年判字第十三號判例、四十二年判字第

十六號判例參照）。本件爭執實繫於賭博事實之認定，若非法院有確定判決，實不宜由被上訴人單方認定，因此上訴人主張應待法院確定判決再予認定。被上訴人嗣於九十年十一月二十六日（九十）府建商字第二三九六四二號令修訂「電子遊戲場業違規營業罰鍰標準表」，其中裁罰標準規定係依違規次數定之，因此被上訴人著實未依個別情況考量，被上訴人未依上訴人之情狀予以審酌而驟下裁罰，實有違平等原則。本件被上訴人所訂定之「電子遊戲場業違規罰鍰金額標準」，將最低罰鍰金額定為二百四十萬元，即屬違背法律之無效行政規則，原處分僅依該標準而定，未就本件之違規情節審酌，逕處罰鍰二百四十萬元，實有於法未合之違誤等語，爰求為判決撤銷訴願決定及原處分。

　　……。

　　關於罰鍰部分：原判決駁回上訴人之訴，係以：上訴人經營泰瑞電子遊藝場，提供電子遊戲機供不特定人賭博，兌換賭資，警方臨檢時，當場查獲雙魚座五十五檯、水果盤八檯、麻將檯十檯，共計七十三檯之電子遊戲機具，供不特定人為賭博行為，其情節顯然重大，而嚴重影響社會安寧、善良風俗、公共安全及國民身心健康，從而被上訴人處以上訴人二百四十萬元之罰鍰，其依職權所為之裁量，尚難謂有違比例原則。至上訴人稱被上訴人所依據處罰之電子遊戲場業違規營業罰鍰金額標準，硬性規定違反第一次處二百四十萬元，第二次處罰金二百五十萬元，置電子遊戲場業管理條例之裁量權而不顧，顯有裁量怠惰云云；惟查被上訴人係桃園縣電子遊戲場業之主管機關，依職權於九十年四月三日修正制定該電子遊戲場業違規營業罰鍰標準，乃係針對各種態樣為之，且斟酌電子遊戲場業者涉及賭博之犯罪行為者，而為處罰標準，而本件修正已將原單一處罰二百五十萬元，修正為第一次犯者，處二百四十萬元，第二次犯者，處二百五十萬元，並非未予裁量，而此標準規定內容亦復與電子遊戲場業管理條例之立法要旨、目的相符，上訴人稱被上訴人有裁量怠惰云云，即無足採等語為論據。惟查電子遊戲場業管理條例第三十一條規定：「違反第十七條第一項第六款規定者，處負責人新台幣五十萬元以上二百五十萬元以下罰鍰，……」而被上訴人九十年四月三日修正訂之「電子遊戲場業違規罰鍰金額標準表」規定第一次違規者，處罰鍰二百四十萬元，第二次違反者，處罰鍰二百五十萬元。將罰鍰金額限縮在最高額二百五十萬元及

次高額二百四十萬元之間，依此標準，則違規電子遊戲場業者，不問其違規情節，永無適用最低額或較低額罰鍰之機會，嚴重限縮母法規定裁量權行使之範圍，且該標準表之訂定未經法律之授權，難謂於法律保留原則無違。不足執為本件罰鍰之依據。又「逾越權限或濫用權力之行政處分，以違法論」為行政訴訟法第四條第二項所明定。而依裁量權所為之行政處分，有逾越權限或濫用權力情事者，依同法第二百零一條規定，行政法院得予撤銷。此之所謂「裁量逾越」或「裁量權濫用」之違法，應包括依法應加裁量而怠於裁量之情形在內。本件被上訴人所為九十年六月四日以九十府建商字第一○○七五一號罰鍰處分，僅以上訴人經營電子遊戲場業務，涉及賭博行為、違反電子遊戲場業管理條例第十七條第一項第六款之規定，依同法第三十一條規定，處以罰鍰二百四十萬元，幾近法定罰鍰最高金額，而對本件實際違規情節如何，何以必須處以如此高額罰鍰，則未為一語斟酌論及，即難謂無裁量怠惰之違法。原判決遽予維持，即有違誤。上訴人執以指摘，非無理由，應由本院將該部分原判決廢棄，並撤銷其訴願決定及原處分，由被上訴人切實裁量，另為處分，以期適法。……。

㈢職權命令

1. 概念定義

不同於前述之「法規命令」與「行政規則」，本節所討論的「職權命令」，無論在概念或發展歷程上，都無法從德國基本法架構下的行政法秩序當中找到根據。如前所述，「職權命令」可說是我國在過去行政強權的歷史背景之下，所孕育的產物，也因此在我國行政實務中，長期扮演重要的角色。當然，要討論職權命令的相關問題，首先仍必須釐清本書所稱「職權命令」的概念定義。由於職權命令無法像法規命令與行政規則一般，在德國法上找到完整的繼受依據，因此，對於職權命令的概念究竟為何，在我國行政法學界，一直是一個有爭議的問題。一般認為，根據中央法規標準法第 7條之規定：「各機關依其法定職權或基於法律授權訂定之命令，應視其性質

分別下達或發佈，並即從立法院。」可見所謂職權命令，係指行政機關在沒有法律授權的前提之下，基於法定職權所訂定的命令。有學者因為我國行政法體系係源自對德國法的繼受，基於德國法制採「法規命令」及「行政規則」之二分，而明白主張：所謂「職權命令」，實應與「行政規則」無異**❻**。這種看法並且以行政程序法第 174 條之 1 為論據，認為基於該條之規定，「本法施行前，行政機關依中央法規標準法第七條訂定之命令，須以法律規定或以法律明列其授權依據者，應於本法施行後二年內，以法律規定或以法律明列其授權依據後修正或訂定；逾期失效。」由此可以看出，行政程序法僅承認具有法律授權依據的對外命令，從而「可說對職權命令之定位作一決斷」**❻**。若根據這樣的看法，職權命令在現行行政程序法的規範架構之下，似已無存在的空間。

　　姑且先不論前述這種將職權命令的效力視同行政規則的看法，是否具有說服力，其以行政程序法第 174 條之 1，作為否定職權命令存在的理由，便已有商榷餘地。因為，該條規定其實並未全盤否定行政機關基於職權，

---

❻ 持此觀點者，例可參見陳春生，〈職權命令的概念與法理〉，《月旦法學教室》，第 17 期，頁 129-130，130（2004 年）：「職權命令之效力，如同行政程序法第一五九條之行政規則，產生非直接對外之法規範效力，即原則上產生對內效力。從學理上職權命令於行政法體系上之定位角度觀察，行政程序法基本上沿襲德國行政法學之架構即公法私法區別、以行政處分為中心、內外部效力之區分及兩面關係等，而此一架構於新行政程序法之內容中可說絲毫未變。尤其內外部效力區分，與授權與否（法律保留）密切相關，亦即牽涉外部效力，則須合乎法律保留或具有法律授權。」亦可參見李惠宗，《行政法要義》，頁 405 以下（2007 年三版）（直接將職權命令等同於行政規則）。

❻ 陳春生，〈職權命令的概念與法理〉，《月旦法學教室》，第 17 期，頁 129-130，130（2004 年）。除此之外，從最高行政法院 99 年判字第 333 號判決的內容當中，似乎亦可推知，依該判決之觀點，行政程序法第 174 條之 1 的規定，本身已有排除職權命令生存空間的用意。因為該判決主張：行政程序法第 174 條之 1 的規定，須在「不涉及基本權侵害的職權命令」，始有適用餘地。反之，系爭命令如係涉及基本權的侵害，「自非行政程序法第 174 條之 1 所得涵蓋」。若依此等見解，只要系爭命令涉及基本權的侵害，便根本沒有適用行政程序法第 174 條之 1 的空間。換句話說，只有「不涉及基本權侵害的職權命令」，才能適用行政程序法第 174 條之 1，針對其法律授權基礎進行「補正」。問題是：如果連「不涉及基本權侵害的職權命令」，都必須根據行政程序法第 174 條之 1 來進行補正，那麼，究竟還有什麼樣的「職權命令」，可以於「無法律授權基礎」的條件下繼續存在？若從這個角度看來，前引最高行政法院 99 年判字第 333 號判決的見解，似乎也偏向於以行政程序法第 174 條之 1 的規定為依據，否定職權命令的存立。

訂定發生對外法規範效力之命令的可能性，只是強調，若行政程序法施行之前所訂定之職權命令，在性質上屬於應有法律授權依據的類型，則這樣的職權命令，便應於行政程序法施行之後兩年內，進行法律授權依據之補正。換言之，若非屬需要法律授權之命令（亦即在憲法、中央法規標準法，甚至於行政程序法的規範體系之下，所（有限度）承認的「職權命令」），自不受行政程序法第 174 條之 1 的規範。大法官釋字第 570 號解釋理由書亦表示：「八十九年十二月二十七日增訂、九十年十二月二十八日修正公布之行政程序法第一百七十四條之一規定，乃基於法安定性原則所訂定之過渡條款，縱可作為該法施行前須以法律規定或以法律明列其授權依據訂定之事項，行政機關以職權命令訂定者，於該法施行後二年內繼續有效之法律依據，……」從這段文字中，也可以進一步看出，根據大法官的闡釋，行政程序法施行前，行政機關依職權所訂定的命令，有可能涉及「須以法律規定或以法律明列其授權依據訂定」，或者「毋須以法律規定或以法律明列其授權依據」兩種不同的事項。由此可以推知，不論是行政程序法第 174 條之 1，或者釋字第 570 號解釋，都沒有、也不足以否定職權命令作為我國行政命令體系中的一種獨立類型。

　　以下所節錄之裁判內容顯示，最高行政法院針對行政程序法第 174 條之 1 的規定，於本案亦採與本書相同之解釋。

【最高行政法院判決】

裁判字號：99 年判字第 616 號

裁判日期：民國 99 年 06 月 17 日

上　訴　人　甲○○

被上訴人　台北市自來水事業處

　　上列當事人間退休事件，上訴人對於中華民國 97 年 8 月 28 日臺北高等行政法院 97 年度訴字第 165 號判決，提起上訴，本院判決如下：

主　文

上訴駁回。

上訴審訴訟費用由上訴人負擔。

理　由

一、緣上訴人係臺北自來水事業處適用臺灣地區省（市）營事業機構人員遴用暫行辦法遴用之現職人員，前以95年9月29日申請書向被上訴人申請依公務人員退休法規定，准其於95年11月23日自願退休，並支領月退休金。案經被上訴人以95年11月3日北市水人字第09531608000號函建請臺北市政府將上訴人調任市府他機關相當職務，俾利其依公務人員退休法選擇月退休金方式辦理自願退休。嗣臺北市政府以95年11月13日府授人四字第09506094000號函復被上訴人，請該處逕依臺北自來水事業處職員退休撫卹及資遣辦法辦理。被上訴人以95年11月16日北市水人字第09531841500號函轉市府核復情形。上訴人不服，於95年11月23日向原審提起行政訴訟，業經原審於96年6月28日以95年度訴字第4096號判決駁回。上訴人復於96年7月13日以同理由申請書向被上訴人申請，經被上訴人以96年7月23日北市水人字第09631121800函（下稱系爭處分）復請依95年11月16日北市水人字第09531841500號函辦理。上訴人不服，提起訴願亦遭不受理，遂提起本件行政訴訟，請求：1.訴願決定及原處分均撤銷。2.被上訴人應對上訴人依公務人員退休法申請於96年9月3日以「五五專案（加發五個基數之一次退休金）提前自願退休並支領月退休金」事件，作成核准之處分。經原審法院判決駁回後，提起上訴。

……。

五、本院按：

……。

㈢按行政程序法第174條之1雖規定「本法施行前，行政機關依中央法規標準法第7條訂定之命令，須以法律規定或以法律明列其授權依據者，應於本法施行後2年內，以法律規定或以法律明列其授權依據後修正或訂定；逾期失效。」。但該規定所適用者為「須以法律規定或以法律明列其授權依據」之命令而言。至於給付行政措施如未限制人民之自由權利，在無法律規定或授權之情形下，由行政機關依職權訂定規範以資遵循，尚難謂與憲法第23條規定之限制人民基本權利之法律保留有違，業經司法院釋字第614號解釋在案。本件所涉被上訴人職員

退休事項，為給付行政事項，既未限制人民之基本權，其由主管機關依職權訂定規範，尚難謂違反法律保留原則而應拒絕適用。何況被上訴人不論依現行臺北自來水事業處組織自治條例，或廢止前之臺北自來水事業處組織規程（於前述臺北自來水事業處組織自治條例頒布後廢止）有關被上訴人所掌事務之規定，均係直轄市臺北市政府所屬之公營事業機構，依地方制度法第 18 條第 12 款第 2 目規定，直轄市公用及公營事業之經營及管理事項為自治事項，臺北市政府為其機構人員退休事項有所遵循，訂定「臺北自來水事業處職員退休撫卹及資遣辦法」，尚非行政程序法第 174 條之 1 所謂「須以法律規定或以法律明列其授權依據」之命令，上訴人執以主張，尚屬誤會。至於原判決贅引行政院人事行政局 97 年 4 月 17 日局給字第 09700614922 號函，雖無必要，但其結果與前述司法院解釋並無不同，其判決結果仍可維持。

（四）又上訴人係被上訴人適用「臺灣地區省（市）營事業機構人員遴用暫行辦法」遴用之人員，該辦法第 2 條亦規定「本辦法所稱各機構，係指左列省（市）營事業機構：……11、臺北自來水事業處……」，故上訴人不論其退休時服務機關屬性而言，或其取得任用資格之法規依據，均屬公務人員任用法第 33 條所稱之公營事業人員，自非公務人員退休法第 2 條所稱「依公務人員任用法律任用之現職人員」，及同法施行細則第 2 條規定「本法第 2 條所稱公務人員任用法律，指銓敘部所據以審定資格或登記者皆屬之」之公務人員。至於所稱原任臺北市信義區區長職務，業經臺北市政府以 88 年 12 月 6 日府人二字第 8807834200 號令免職，並於同日以府人二字第 8807834201 號令調任為被上訴人專員，該項調任雖對其權益有重大影響，上訴人曾提起行政爭訟，惟因復審逾期，經原審以 92 年度訴字第 3948 號裁定駁回其訴，提起抗告，復經本院以 94 年度裁字第 1064 號裁定駁回抗告確定在案，有本院 94 年度裁字第 1064 號裁定附本院卷可查，是其乃未經送請銓敘部銓敘審定之人員，自無公務人員退休法之適用。

（五）又勞動基準法第 84 條規定「公務員兼具勞工身分者，其有關任（派）免、薪資、獎懲、退休、撫卹及保險（含職業災害）等事項，應適用公務員法令之規定。但其他所定勞動條件優於本法規定者，從其規定。」，同法施行細則第 50 條規定「本法第 84 條所稱公務員兼具勞工身分者，係指依各項公務員人事法令任用、

派用、聘用、遴用而於本法第 3 條所定各業從事工作獲致薪資之人員。」。如前所述，上訴人係適用「臺灣地區省（市）營事業機構人員遴用暫行辦法」遴用之人員，被上訴人又屬勞動基準法第 3 條所規定之事業，依前述施行細則第 50 條規定，為母法第 84 條規定所指「公務員（廣義）兼具勞工身分者」，但因被上訴人職員之退休事項已有臺北市政府訂定之前引「臺北自來水事業處職員退休撫卹及資遣辦法」，可資為辦理依據，該辦法既為有效之命令，即屬勞動基準法第 84 條所謂「應適用（之廣義）公務員法令」，尚無公務人員退休法規定之適用。原判決指勞動基準法第 84 條所謂「應適用公務員法令之規定」，其中「公務員法令」係指公務人員退休法，其所持法律見解雖有不當，但結果並無不同，其判決仍可維持。至於上訴人復指摘被上訴人目前有 75 人請領月退休金云云，然上訴人並未提出任何證據以供調查，縱其主張屬實，亦因個人之資格不同，所適用之法規可能互異，尚無從為其有利之判斷。

　　㈥綜上所述，原審已依職權調查證據並斟酌辯論意旨及調查證據之結果，依論理及證據法則判斷事實而為判決，尚無判決不適用法規或適用不當之違法。至於上訴人其餘訴稱各節，乃上訴人以其對法律上見解之歧異，就原審取捨證據、認定事實之職權行使，指摘其為不當，均無可採。是以，上訴意旨指摘原判決違誤，求予廢棄，難認有理，應予駁回。

　　更進一步來說，本書認為，上述將職權命令視同行政規則的歸類方式，不僅刻意漠視我國行政實務長期以來承認具有「對外」法規範效力之行政命令的現實，更因為刻意把職權命令看作是行政規則，反而恐怕無法讓職權命令得到應有的規範控制，從而更加重職權命令對人民權利的威脅。根據本書的觀點，在職權命令長期存在於我國行政實務的背景之下，與其用概念界定的方式將之排除，不如站在正視其存在的基礎上，正面檢視其憲法上的正當性，以及其規範監督與規範控制的途徑（詳後述）。有鑑於此，本書對於「職權命令」的概念定義，仍依循我國行政法學界的主流見解：在本書的理解脈絡之下，所謂職權命令，既獨立於德國行政法體系之規範框架，則應係指：「行政機關基於其權限或職權，對多數不特定人民就一般事項所作抽象之對外發生法律效果之規定。」❻❾換句話說，職權命令的概念，

在一定程度上，可說是綜合了法規命令與行政規則二者各自的局部特徵：一方面，職權命令如同法規命令一般，具有對「多數不特定人」，就「一般事項」進行規範，從而「對外」發生法律效果的特徵；另一方面，職權命令一如行政規則，係行政機關基於職權（而非基於法律授權）所為，因此象徵行政機關在憲法權力分立的架構之下，所獨立享有的法規範制定權限。我們可以說，正是這種承認行政機關享有獨立對外發布命令權限的制度特色，造就了我國行政法規範體系與德國法的差異。然而，也正因為這樣的制度特色，無法與（我國繼受之）德國基本法支配下的行政法秩序理念相容，所以使得職權命令的存在，在我國變成一個棘手的問題。

2.憲法基礎

在我國行政法體系大量繼受德國法制的脈絡之下，職權命令所面臨的第一個問題是：我國憲法究竟是否容許職權命令的存在？如前所述，由於職權命令是我國過去行政強權背景下的產物，而隨著政治的民主化，我國行政法學的發展，不斷致力於行政的法治化，學界對於職權命令的質疑也

---

❻ 同此見解與概念定義方式者，另可參見許宗力，〈職權命令是否還有明天？——論職權命令的合憲性及其適用範圍〉，台灣行政法學會主編，《行政法爭議問題研究（上）》，頁 340-360, 342（2000 年）（「本文所稱『職權命令』，簡言之，指行政機關毋庸法律授權，『依法定職權』對多數不特定人民就一般事項所作抽象之對外發生法律效果之規定。」）；葉俊榮，〈第十章：行政命令〉，翁岳生主編，《行政法（上）》，頁 390-474, 402（2006 年三版）：「行政命令基於行政機關的職權而訂定，其規範內容亦對外涉及人民之一般事項，即為學說所稱之『職權命令』。」（然而，葉教授於同文第 470 頁處，卻又將職權命令認定為「不具有對外效力」，對職權命令之定義，似有前後矛盾之嫌）；李震山，《行政法導論》，頁 324（2007 年七版）：「職權命令乃行政機關在其職權範圍內，為執行法律，不必經立法授權，而依其職權可逕行制頒之補充性的行政命令。」此外亦有學者主張，職權命令的功能原則上應與行政規則無異，但由於係以人民為規範對象，因此在性質上，已與行政規則有別。例可參見陳敏，《行政法總論》，頁 547（2007 年五版）：「我國行政法學討論上所謂之『職權命令』，係指行政機關在職權範圍內為執行法律，未經法律授權，而逕依職權制定頒布之命令。一般而言，職權命令亦即行政規則。惟行政規則之本質，係對行政內部之下級機關及所屬行政人員所為之規定。因此，以行政外部之人民為相對人而制定之職權命令，即非固有意義之行政規則。」吳庚，《行政法之理論與實用》，頁 289（2007 年十版）：「職權命令學理上應限於行政規則，但事實上職權命令內容涉及人民權利義務事項者，在所多有，此種命令可稱為執行命令，已非內部適用之行政規則。其所衍生之合法性問題，為我國法制上仍待解決之難題。」

與日俱增。因此，有鑑於德國基本法原則上並不容許行政部門享有不經法律授權而制定命令的空間❻，我國部分行政法學者於是主張：職權命令在我國法制之下，也是違憲的。這種觀點認為，就像德國基本法所秉持的理念一般，為了確保儘可能所有的行政，都處在法律的監控之下，以呼應法治國與民主的訴求，我國的憲法架構，也應該排除職權命令的生存空間，讓行政命令的規範體系，徹底回歸「法規命令」與「行政規則」的二分，以深化過去繼受法律保留原則的制度基礎❻。然而，根據本書觀點，這樣的看法由於忽略了我國憲法與德國基本法體系架構的差異，反而恐怕導致扭曲了對我國憲法的解讀。如同前面所提到的，我國的行政法學理，固然大幅繼受德國的學說理論與實務發展，但是我國憲法所架構的中央政府體制，與立法、行政兩權的關係，卻並不是建立在德國基本法所預設「議會民主」的基礎之上。特別在總統直接民選，乃至於九七修憲拔除立法院對行政院院長的同意權之後，行政與立法兩權彼此之間的互動，事實上根本很難單純用「依法行政」一詞，來含括與詮釋。簡單地說，我國現行之權力分立體系與實務，儘管已在相當程度上，擺脫了行政強權的傳統，但取而代之的，恐怕並不是完整承繼德國法制的「議會支配」或「議會民主」，而反倒是在繼續承認行政權重要角色的前提之下，重新建立的一套「『監督』並同時『期待』良好行政」的規範體制。所以，從這個角度看來，我國憲法追求行政法治化的方式，並不像二次大戰後的德國一般，致力於「法外行政」儘可能的消除，讓法律取得在各方面都明顯優越於行政的地位，而

❻ 詳見本書第二章的討論。如同第二章的內容所提到的，即使在強調議會民主傳統的德國，由於行政自主性在當代國家任務多元化的發展趨勢之下，受到越來越高度的重視，因此也有越來越多的德國行政法學者，試圖突破德國基本法第 80 條第 1 項的限制，利用限縮第 80 條第 1 項的適用範圍（亦即將第 80 條第 1 項嚴格要求法律明確授權的規定，侷限在「重要性理論」所及的「法律保留」範疇），證立行政機關獨立的法制定權限。當然，如同第二章所揭示的，這樣的立場是否與德國基本法所構築的權力分立體制相容，在德國對議會民主的預設之下，勢必引發爭議，而這也再度凸顯出所謂「職權命令」在德國與我國憲法架構下的處境差異。

❻ 可參見陳春生，〈行政命令論——中華民國行政規則之法效力研究〉，台灣行政法學會主編，《行政命令、行政處罰及行政爭訟之比較研究——臺灣行政法學會學術研討會論文集》，頁 75-114，96-98（2001 年）；另參見黃俊杰，〈行政立法系列：第三講——職權命令〉，《月旦法學教室》，第 87 期，頁 32-42，35, 42（2010 年）。

是透過幫行政建立另一條民意傳輸的管道，確保對行政權力的民主監督與控制。就此而論，我國行政法學對於德國「依法行政」體系的繼受，勢必要與我國既有的憲政體制，取得足夠的協調。換句話說，在我國憲法分別為行政與立法兩權，各自建立完整民主正當性基礎的架構之下，所謂「依法行政」，並不能被認為是「議會支配」思想的當然延伸；從而，行政部門是否有依職權訂定命令的權限，自然也無法單憑「議會支配」下的「依法行政」，來加以判斷與解答。由此觀之，若單從德國基本法與行政法脈絡下的依法行政原則出發，以「不容許法外行政」的論據，來否定職權命令在我國憲法架構下的正當性基礎，這樣的看法不但無視於我國與德國憲政體制的不同，更將因此而忽略在這個不同之下，我國行政法之所以繼受依法行政原則的意義究竟何在。

　　從本書的觀點看來，在我國憲法的權力分立體制之下，訴求依法行政的意義，與其說是要貫徹行政對立法的服從，不如說是要求行政必須受到立法完整的監督。更進一步來說，不論是「法律優越」或者「法律保留」，其意義也都不是在根本性地排除獨立的「行政立法」空間，而是在確保「行政立法」的結果，不至於違反或侵犯立法者的意志決定，甚至重蹈過去行政濫權的覆轍。如果就這個意義而言，承認行政機關的職權命令制定權，一方面在行政權本即擁有獨立民主正當性基礎的前提下，並不當然違反我國憲法的權力分立架構；另一方面，有鑑於過去行政強權的歷史教訓，我國憲法與行政法體系對於德國法制「依法行政」理念的繼受，同時具有事實上與制度上的意義。因此，在認可職權命令合憲性的同時，有兩點特別值得注意：第一，儘管行政機關基於憲法，應享有一定的職權命令制定空間，但它的職權命令制定權，必然在法律優越與法律保留的要求之下，受到範圍的限制。第二，由於職權命令的存在，絕不意味著容許行政強權、濫權與威權的復辟，因此在制度上，必須要有相應的設計，對職權命令施以有效的規範控制。其中，第一點涉及職權命令的合憲性條件（詳見下一段的論述），而第二點則屬職權命令的規範監督系統如何建立的問題（將在第三章、第3節、二、㈢、3.規範體系之部分進一步討論）。

　　如果職權命令在我國憲法上，仍有一定的生存空間，那麼它究竟可以在何等範圍之內存在？如同前面所指出的，這個問題在我國憲法與行政法體系中，與法律保留的適用範圍，有密切的關連。因為，我們在承認行政權民主正當性基礎的同時，仍不斷致力於防堵過去行政獨大傳統的回流。這也是法律保留原則在我國中央政府體制歷經實質變革之後，仍支配我國行政法發展主軸的重要原因。有鑑於此，行政機關究竟享有多大的職權命令制定權，根據通說見解，必須視法律保留原則，開放多少讓行政可以自主決定的空間而定。針對這一點，中央法規標準法第 5 條規定，下列事項應以法律定之：「一、憲法或法律有明文規定，應以法律定之者。二、關於人民之權利、義務者。三、關於國家各機關之組織者。四、其他重要事項之應以法律定之者。」由此規定已可推知，只要符合以上條件，就有法律保留、甚至國會保留的適用。受到德國「重要性理論」的影響，中央法規標準法顯然也預設：越重要的事項，越應該由法律親自規定。由此可見，行政機關的職權命令制定權，只有在不適用法律保留的事務領域，才有發揮的餘地。大法官釋字第 443 號解釋理由書亦闡明：「關於人民身體之自由，憲法第八條規定即較為詳盡，其中內容屬於憲法保留之事項者，縱令立法機關，亦不得制定法律加以限制（參照本院釋字第三九二號解釋理由書），而憲法第七條、第九條至第十八條、第二十一條及第二十二條之各種自由及權利，則於符合憲法第二十三條之條件下，得以法律限制之。至何種事項應以法律直接規範或得委由命令予以規定，與所謂規範密度有關，應視規範對象、內容或法益本身及其所受限制之輕重而容許合理之差異：諸如剝奪人民生命或限制人民身體自由者，必須遵守罪刑法定主義，以制定法律之方式為之；涉及人民其他自由權利之限制者，亦應由法律加以規定，如以法律授權主管機關發布命令為補充規定時，其授權應符合具體明確之原則；若僅屬與執行法律之細節性、技術性次要事項，則得由主管機關發布命令為必要之規範，雖因而對人民產生不便或輕微影響，尚非憲法所不許。」這段一般稱之為「層級化法律保留」的闡述，不但澄清法律保留的適用範圍，也連帶說明了職權命令的存在條件，在肯定職權命令正當性的同

時，闡明職權命令的憲法界限。本號解釋作成之後，國內行政法通說均認為，職權命令只有在行政機關為執行法律，針對細節性、技術性次要事項而為規定時，才有存在的正當性⑥⑥。從本書觀點看來，這樣的見解，應該可說是我國的行政法體系，對於憲法一方面為行政權力鋪陳獨立的民主正當性基礎，另一方面又致力於維持法律對行政權力的拘束與監控，所作出的一種妥協性的安排。

3. 規範體系

職權命令的憲法基礎與合憲性範疇，已如前述。緊接著有疑問的是：職權命令的制定，既然毋須有法律的授權，那麼立法者對於職權命令的制定內容與制定程序，究竟還有沒有任何施以規範監督的空間？首先，在行政程序法的規範層次，若從該法只將「法規命令」與「行政規則」納入規範對象看來，毋須法律授權，但實際規範效力卻與人民直接相關的職權命令，反而不在行政程序法的規制之列，似乎意指：職權命令既已脫離依法行政原則下，行政立法權行使的常軌，則其合法與否，也不再是國會或國會法律所能管控。然而，如同前面所提到的，即使我國憲法所架構的權力分立，並非國會至上或國會支配，也因此讓行政立法權的獨立行使，有更大的空間，但這絕不意味著職權命令就此脫離受國會監督的行列。相反地，正因為我國的依法行政，講求國會對行政行為的完整制衡，所以，一開始欠缺法律授權基礎的職權命令，理當需要更周全的立法監督。就此而論，現行行政程序法只規範法規命令與行政規則，既非有意讓長期存在於行政實務的職權命令死亡，也不表示行政程序法認為職權命令的制定不需要任

⑥⑥ 例可參見李震山，《行政法導論》，頁 325-326（2007 年七版）；吳庚，《行政法之理論與實用》，頁 296-297（2007 年十版）。陳敏教授則認為，倘職權命令「授與人民利益，對人民法定權利之行使，或對人民法定義務之履行，僅為細節及程序上規定，不影響其實體之權利義務者，既然未抵觸干涉保留，至少在合理過渡期間內應可容忍」。陳敏，《行政法總論》，頁 548（2007年五版）。類似看法參見董保城，〈本土化「職權命令」法理建構之嘗試〉，「職權命令之過去、現在與未來」學術研討會，台灣行政法學會、政治大學法學院主辦，《台灣本土法學雜誌》，第 11 期，頁 93-99，96-98（2000 年）。

何的規範監督。從本書角度看來，行政程序法獨缺職權命令的情形，無疑已構成依法行政規範體系上的漏洞。學者葉俊榮教授對此即正確指出，對於職權命令的規範問題，「比較積極性的作法還是應該認為職權命令的訂定程序，必須類推適用行政程序法第 154 條關於法規命令之預告程序，以及第 157 條有關法規命令發布之程序」。氏認為：「由於職權命令與法規命令同屬直接涉及行政機關與人民互動關係之行政命令，故在程序上應有一致之規定。」❻❼此一見解正視職權命令直接對人民發生規範效力的特質，嘗試透過類推適用，將法規命令的規範模式，運用在職權命令上，值得贊同。本書甚至認為，有鑑於職權命令之制定對人民的影響，行政程序法第 155–156 條關於行政機關依職權舉行聽證之規定，亦應類推適用於職權命令❻❽。此外，從中央法規標準法，與立法院職權行使法的相關規定當中，也可以進一步看出，針對職權命令，立法院仍保有其規範監督之管道。根據中央法規標準法第 7 條之規定，職權命令經訂定之後，亦應如同法規命令一般，「即送立法院」。繼而，立法院職權行使法第 60–62 條之規定，也將法規命令與職權命令的審查，作出統一性的規定，確保立法院可以對職權命令進行合法性監督。凡此皆可看出，職權命令除了沒有法律授權依據，從而無法以授權母法的內容，作為拘束職權命令的規範基準之外，有鑑於其直接對人民發生規範效力，其規範監督之體系，與法規命令應無二致。

4. 司法審查

綜上所述，肯認職權命令在憲法上的正當性，並不表示容任「行政立法權」的發動，有一塊不受規範監督與規範控制的法外境地，反而是要在正視其存在的前提之下，賦予其明確的合憲性範圍與合法性條件。在認識這些基本界限之後，最重要的當然就是確保這些界限可以由法院來進行把關。如同前面討論法規命令的司法審查時所提到的，根據本書的觀點，一

---

❻❼ 葉俊榮，〈第十章：行政命令〉，翁岳生主編，《行政法（上）》，頁 390–474, 415（2006 年三版）。

❻❽ 亦可參見董保城，〈本土化「職權命令」法理建構之嘗試〉，「職權命令之過去、現在與未來」學術研討會，台灣行政法學會、政治大學法學院主辦，《台灣本土法學雜誌》，第 11 期，頁 93–99, 98（2000 年）。

般法院在附隨審查的前提下，享有命令的違憲與違法審查權，但基於其權限，不論是違憲或違法的宣告，都只具有個案的效力。相對地，大法官對於命令違憲的審查，不僅可以直接進行，也享有一般性宣告違憲的權力。承接上面的討論，這套法規命令的司法審查系統，基本上也同樣適用於職權命令的司法審查。必須注意的是：由於職權命令欠缺授權法律的引導與規制，因此自然無法以是否逾越母法授權，作為判斷其是否違法、甚至違憲的準據。在職權命令的合憲性判斷上，最主要的審查重點，如前所述，當屬職權命令之制定是否違反法律保留原則。更進一步來說，在司法審查的過程中，法院必須根據憲法第 23 條、中央法規標準法第 5 條之規定，以及學理上承繼德國法「重要性理論」的基本立場，判斷系爭職權命令的內容，是否已侵入法律保留的範圍，而逾越憲法所容許行政機關獨立行使法制定權力的界限。除此之外，在合法性的部分，職權命令之訂定程序與內容，不得與既有法律相抵觸，亦屬當然。

第 **4** 節　小結：行政命令規範體系的過去、現在與未來

　　總結本書第三章對於我國行政命令規範體系的討論可知，我國行政法在過去行政強權的歷史背景下，一方面致力於大舉繼受德國當代法制當中，講求議會支配的依法行政思維，務求法律優越與法律保留，在我國行政法體系中的徹底實踐。另一方面，卻也因為過去傳統背景的影響，搭配我國中央政府體制的變革，使得行政與立法的關係，從來沒有真正走上「立法凌駕行政」的道路。自從一般俗稱的「雙首長制」實施以來，行政權贏得了獨立於立法權的民主正當性基礎。這固然絕對不意味著行政法學長期耕耘「依法行政」深化的努力，就此功虧一簣，但無疑在一定程度上，象徵行政權與立法權的互動及分工方式，在我國不可能站在單純議會民主的基礎上，來理解與安排。在這樣的脈絡之下，作為「行政立法」最佳展現的行政命令，究竟應該在什麼樣的規範體系中，被賦予如何之空間與界限，恐怕既不能毫無保留地訴諸我國長期繼受的德國基本法秩序內涵，也不能單憑一句「本土化」的主張，便認定種種對於行政命令的規範定位與規範拘束，都可以加以抹煞。根據本書的觀察，當今行政法學主流所採納「法規命令」、「行政規則」與「職權命令」的三分結構，本身即已恰恰反映出我國行政命令體系，在我國憲政體制結構，與我國行政法長期繼受德國法制的雙重影響之下，所呈現之「重視行政立法之功能，但同時又強調對行政立法之制衡」的制度特色。基於這樣的特色，我們可以清楚看到，我國行政命令的每一種類型發展至今，一方面都耕耘出不完全被國會法律所駕馭的行政立法態樣，但另一方面卻都仍然受到國會法律的規範牽制。這除了提醒我們，德國法對於我國行政法的深遠影響不容抹滅之外，也說明了我國行政與立法兩權關係，必須在「依法行政」與「強而有力的行政」這兩種訴求之下，尋求憲法上的平衡。據此，我國行政命令規範體系的建構與發展，也必須兼顧這兩個訴求的同時滿足。

第四章
行政命令規範體制的檢討與展望

　　正如本書一開始所指出的，我國的行政命令體系，在行政法學受到德國法深遠影響的背景之下，大抵上也可說是源自於對德國「法規命令」與「行政規則」規範系統的繼受。正是站在這樣的認知基礎上，本書第二章與第三章的論述內容，分別說明了德國基本法秩序下的行政命令規範架構，以及我國的行政命令體系，在繼受德國法的背景之下，呈現出如何之樣貌。如此架構安排最重要的目的，就在於透過對德國規範體制較完整的認識，更清楚瞭解我國法制的具體內容，與可能產生的問題。據此，接下來的第四章，旨在藉由對第二章與第三章論述內容的回顧，反省德國法上種種發展的經驗，可以提供我國行政命令未來走向什麼樣的啟發。本書將根據這些觀察德國法相關發展之後所得到的啟示，反省我國行政命令規範體系的問題，並提供將來改革上的建議。最後，本書將總結筆者迄今為止對於行政命令的若干研究心得，針對行政命令規範體系未來的發展趨勢，以及不論德國或我國，都必須面臨的課題，提出一些個人的思考。

第 1 節　德國法的借鏡

一、釐清行政命令憲法基礎的必要性

　　首先，筆者認為，德國「法規命令」與「行政規則」的規範架構提供我國最重要的啟示，就是一套完整一貫的憲法基礎，對於建立行政命令規範架構與規範內涵的必要性。如前所述，德國當代行政法學所發展的行政命令釋義學，是從二次大戰後的基本法秩序中，層層推衍出來的。在「議會民主」、「議會支配」理念的主導之下，「法規命令」和「行政規則」儘管各有不同的制度淵源、發展背景與規範課題，但所有相關問題的爭議與反省，無一不來自「行政立法權如何受到國會立法權的規範拘束」這個最核心的關懷。由於所有的問題細節，終究都可以、也必須回溯到基本法秩序

所預設議會民主的基本架構中，來加以探討、解決，因此，由「法規命令」
與「行政規則」建構出來的行政命令體系，一方面不容易出現制度上的矛
盾，另一方面也足以讓立法與行政彼此間的權限分際，能夠在行政命令具
有「行政立法」這個「綜合」屬性的前提之下，仍有一套清楚判斷權責歸
屬的指標，從而亦有助於釐清司法審查的標準與界限。就此意義而言，憲
法基礎及憲政架構的澄清，可說是理解與闡明行政命令規範體系最基本的
條件。反過來說，如果不能讓行政命令的規範體系，回歸到一套清晰的憲
法基礎之上，不但無法賦予「行政立法權」一個明確的規範定位，包括「行
政立法權」的規範控制系統的建立，也會有困難。從這個角度看來，德國
法從「法治國」與「民主」的憲法基礎，建構「法規命令」與「行政規則」
規範體系的發展模式，不但在具體的行政法釋義學內容上，順理成章地勾
勒出「行政立法權」的發動，在不同條件之下，必須受制於何等立法或司
法監督，進而確保「行政立法權」在人民權利保障與行政效能提升之間的
平衡。更重要的是，從制度面看來，由於有「法治國民主」作為體系建構
的中心思想，使得「行政立法權」的功能腹地及功能界限，最終都能回歸
一個明確的依據。而行政法與憲法釋義學的內涵，也正是在以「法治國民
主」為中心的體系建立過程當中，取得更完整且相輔相成的一貫性。

二、「法治國民主」作為中心思想的意義

　　當然，以基本法所預設的「法治國民主」為依歸，並不表示德國行政
命令規範體系的發展，始終都是在與社會現實脫節的象牙塔中進行。相反
地，從德國近十餘年來的討論氛圍當中，我們可以清楚地看到，德國行政
法學界對於行政命令規範內涵的關注重點，很明顯地是不斷跟隨著國際與
國內情勢的變化而與時俱進。換句話說，如何對法規命令與行政規則，施
予規範監督與規範控制的問題，在「行政立法權」於現實上的重要性不斷
攀升的發展趨勢之下，無可避免地越來越不能規避行政「受拘束性」與「自
主性」兩者之間可能的衝突，也因此越來越必須回溯到「法治國民主」在

當代背景之下，應如何（重新）理解與落實的問題。如同本書第二章所指
出的，有別於以往嚴格限制法律授權制定行政命令的條件，並且緊握行政
命令之國會與司法監督的規範模式，如今在法律授權越來越頻繁、授權內
容也日趨開放的發展情境之下，不論是面對法規命令或行政規則，必須思
考的反而是法律如何透過開放性的授權，來實現對「行政立法權」的規範
拘束，以避免「行政立法權」的發展，導致議會民主與議會支配的瓦解。
在這樣的反思過程當中，「法治國民主」並不被當成是一套不合時宜的空洞
理想，反而充分顯示出：憲法在社會現實不斷發展改變的過程裡，一方面
對現實情境的影響開放，另一方面卻也同時發揮維持政治秩序與社會進化
之功能的特質。由此可以進一步看出，憲法中心思想的確立，不僅足以保
障行政命令規範體系的完整性與一致性，更對行政權在整體權力分立架構
中的功能定位與功能開展，具有關鍵性的意義。

第 2 節　我國法的改革方向

一、憲政體制與權力分立架構之釐清

　　透過德國相關發展的借鏡，我們一方面可以得知，在不同的憲政體制結構之下，德國行政法學所預設的議會民主理念，既然無法全面說明我國行政權與行政法的基礎，自然也無法完整確立我國發展行政命令規範體系的憲法依據。這因此使得我國在繼受德國法的過程當中，必然遭遇一定程度的困難。另一方面，我們也可以從中進一步理解到憲法基礎的釐清，對於發展我國行政命令規範架構的重要性何在。換句話說，行政命令規範體系如何建立的問題，勢必不只是行政法層次的問題，而是進一步關係到我國憲法權力分立架構的鋪陳，乃至於我國憲法政策的選擇。從本書第三章的討論當中，我們可以發現，我國行政命令相關問題的許多癥結，都來自我國行政法釋義學的發展，無法完整呼應我國憲法所建立的權力分立體制。舉凡行政權的民主正當性，「行政立法權」的憲法正當性與憲法依據，以及「行政立法權」的規範監督與規範控制系統如何形成等基本問題，在「憲法」與「行政法」兩個領域的討論層次，都多少出現不一致的現象。因此，如果要解決這個因為對德國法片段繼受而導致的問題，就必須先行思考：我們究竟是要更全面地向「議會民主」靠攏，在以議會民主為軸心的權力分立架構上，確立國會法律的支配性地位，並由此更健全地發展受國會意志所駕馭的行政命令體系？還是要根據九七修憲之後的「雙首長制」，在行政與立法均擁有直接民意傳輸管道的雙元民主結構之下，將行政法學原本預設的「法律支配」結構，拉回到「行政」與「立法」兩權彼此相對平等的「相互制衡」模式？這兩種不同的路線選擇，不但牽涉到我國中央政府體制如何定調，更將使得行政命令規範體系的建立，朝向不同的發展方式

進行。就現狀而言，我國憲法的「雙首長制」，固然也是一種為行政與立法兩權關係，尋得一定程度「妥協」的表現，亦即它一方面讓行政院的民意基礎，依附在總統、而非立法院的民意基礎之上，另一方面卻仍要求行政院必須對立法院負責。然而，這種「妥協」模式，終究因為試圖攫取內閣制「議會民主」，與總統制「行政立法相互分立制衡」的優點，反而更容易導致在探討「行政立法權」的功能與界限時，由於無法釐清立法與行政兩權的相對位置，而陷入更複雜難解的漩渦。

二、「依法行政」的訴求對我國的意義

話說回來，我國的行政命令規範體系，之所以至今仍在「繼受德國行政法」與「發展我國民主與憲政模式」之間徘徊，歸根究柢，恐怕終究是因為我國從憲法到行政法的整體規範架構，一直都欠缺一套完整一貫、且能與社會發展及社會認知相呼應的憲政中心思想。更具體地說，我國雖大舉繼受德國行政法釋義學，多年來致力於貫徹德國「議會民主」制度脈絡下的「依法行政」理念，但嚴格而論，所謂「依法行政」，不論在憲法層次上的意義，或者在政治現實中所扮演的角色，似乎始終未曾獲得完整的分析與釐清。由於我國並不像德國一般，係以議會民主作為發展憲法權力分立體制的基礎，反而在國會（立法院）之外，支持並仰賴一個擁有完整權力與能力的行政權，因此，行政法上「依法行政」的訴求，儘管吻合我國長久以來追求行政法治化的努力，但似乎還無法真正內化成我國憲政架構與憲政實務的一個重要部分。從這個角度看來，唯有根本澄清我國憲法的權力分立架構，確立立法與行政兩權之間的互動關係與任務分工，才能將「依法行政」這個長期支配我國行政法釋義學的核心概念，具體落實到行政實務當中，也才能從（我國憲法意義下的）「依法行政」的角度，根本理解我國行政命令規範體系當前所面臨的各種問題。如同本書第三章所指出的，儘管依法行政在我國法下的意義，並不能跟德國法劃上等號，但至少可以確定、並作為國人共識的是，要求「依法行政」，無論如何都象徵吾人

對於「行政權的發動必須服從於民意監督，也因此必須受到完整的規範監督」的期待與追求。就此而論，「依法行政」固然不代表絕對的議會支配，但仍意味著在我國行政命令的規範架構當中，包括國會法律與司法審查，都必須完整發揮「確保行政命令合法性」的功能。

第 3 節　未來的共同課題

　　如果暫時撇開憲法基礎，乃至於法治傳統等層次的差異，行政命令在德國與我國的發展方向，倒是呈現出一些共同的趨勢，值得我們持續觀察，並深入思考：第一，如同本書第二章及第三章的論述內容所凸顯的，在當代國際與國內現實局勢的迅速變遷與影響之下，傳統行政法所界定的「行政」功能，顯然已不能完整說明當代的「行政」在公權力運轉過程中，所扮演舉足輕重的角色。換言之，如今的「行政」，意義已遠遠超乎「執行」政策，而往往是更進一步的「形成」政策，「創造」政策。第二，在如此功能擴張與多元化的發展趨勢之下，行政命令作為法規範的地位，不僅無法否認，其實質重要性甚且往往超越國會所制定的法律。有部分德國學者即曾指出：當今眾多的「法規命令」與「行政規則」，對於政策走向的實質領導功能，甚至已經達到所謂「反向的重要性理論 (umgekehrte Wesentlichkeitstheorie)」的程度，亦即：越重要的事情，如今往往反而都是規定在法規命令或行政規則，而不是法律當中❶。這種「重要性理論反向操作」的現象，在仰賴許多專業與技術知識的環境法、科技法、電信法領域中，尤其顯而易見，因為特別在這樣的領域，國會法律更容易因為專業能力上的障礙，而將諸多知識、科技層次的規範，授權給行政主管機關。而這也進一步造就這些領域當中，「行政專業至上」的發展特色。第三，從權力分立的觀點而言，前述「行政專業至上」的趨勢，主要表現在兩個層面：其一為國會法律頻繁的目的導向授權，其二為法院審查密度的降低。這導致行政權在當代環境法、科技法大幅倚重的局勢之下，越來越享有以「專業」之名，擺脫立法與司法監督的空間❷。筆者認為，這種「以行政

---

❶　對此參見 *Hermann Hill*, Normkonkretisierende Verwaltungsvorschriften, NVwZ 8 (1989), S. 401 ff., 407.

專業領導國家決策」的發展趨勢，某種程度上固然難以避免，但由於牽動整體權力分立結構，因此必須特別謹慎地面對與因應，而這也構成行政命令規範體系未來發展的重大挑戰。更具體地說，如何不讓「行政專業」演變成行政恣意，或者成為行政機關偷渡恣意的工具，是當代行政法，特別是環境法、科技法與電信法等高度講求知識專業的領域，在大幅仰賴「行政立法權」的同時，必須面對的核心課題。從更根本的角度來說，這個課題其實也牽涉到「民主」與「專業」彼此之間，應處於何種關係的問題，亦即如何確保「民主」在講究「專業」的過程當中不被犧牲。因為，相對於行政專業，國會與法院的規範監督，目的都在確保行政專業的發動，不致逾越民主意志決定——亦即法律——所劃下的界限。就這個意義而言，即使歷經國內外局勢的更迭，以及社會現實的不斷發展與改變，「法律」對「行政」，特別是對「行政立法」的拘束，始終都仍是所有法治國家不容放棄的訴求。關鍵只在於：如何在法律授權的同時，確保法律的拘束？筆者認為，要解決這個難題，必須先清楚認知法律授權的意義究竟何在。換言之，如同本書一再強調的，法律對行政機關進行頻繁的授權，並不能被視為法律放棄對行政機關之拘束的表現。由於當代法律的任務，已不像過去一般，單純以維持社會既定秩序、穩定社會既有之利益狀態為主要訴求，而反倒往往是要因應、甚至促進社會利益分配狀態的不斷改變，因此，特別在環境法、科技法、電信法等領域，法律的功能與目的，都不再像過去一樣，僅止於「現狀保障」❸，而是必須著眼於因應未來各種無法預先確

---

❷　儘管許多德國文獻都強調，單憑「行政專業」，並不足以使司法審查讓步，或造成司法審查密度的降低。然而，不可否認的是，在環境法、科技法、電信法等領域，專業知識確實或多或少造成司法審查行政決定的隔閡。另一個相關的重要影響因素是，這些領域所仰賴的知識基礎，不只牽涉專業，更因為科技發展極為迅速，而呈現高度動態性的特質。這一點於是更進一步導致司法審查行政決定的侷限。持此觀點者，例可參見 *Karl-Heinz Ladeur*, Normkonkretisierende Verwaltungsvorschriften als Recht privat-öffentlicher Kooperationsverhältnisse—Das Beispiel der gemeinsamen Richtlinien der Landesmedienanstalten und die Perspektiven des Verwaltungsrechts der Informationsgesellschaft, DÖV 53 (2000), S. 217 ff., 220 ff.

❸　關於德國法治國傳統強調法律「現狀保障」的功能，可參見 *Konrad Hesse*, Der Rechtsstaat im Verfassungssystem des Grundgesetzes, in: ders./Siegfried Reicke/Ulrich Scheuner

知的發展 ❹。例如，電信法所強調「確保有效的市場競爭 (wirksamer Wettbewerb)」的秩序理念，並不是預設一套具有既定內容的利益分配模式，來當作「確保有效競爭」的正確典範，並在這套預設之下，要求行政主管機關非採取特定決策模式不可，而是在體認電信市場相關技術發展迅速，且難以預測的前提下，要求行政主管機關審慎地進行「如何確保有效競爭」的判斷。又如，環境法所強調的「預防原則 (Vorsorgeprinzip)」，也不是一味地著眼於既定秩序與既存利益狀態的保持，而是基於未來發展高度未知的考量，要求行政主管機關必須在「科技發展」與「環境永續維護」之間，尋求適當的平衡。以上兩個例子都凸顯出：當代新興科技領域的法律管制，已逐漸擺脫傳統著重行政決定「內容正確性」的監控模式，而轉向一種「授權導向」的管控與監督策略。在這種「授權導向」的管制模式底下，法律必須透過對行政機關進行頻繁授權，要求行政機關必須不斷因應社會利益狀態的改變，調整其政策方針，而不是固定地「堅持介入」或「堅持不介入」，或者預設某種利益必須「絕對優先保護」或「絕對加以排除」。就這個意義而言，法律授權所蘊含的拘束，就在於課與行政機關進行完整利益

(Hrsg.), Staatsverfassung und Kirchenordnung. Festgabe für Rudolf Smend zum 80. Geburtstag am 15. Januar 1962, 1962, S. 71 ff., 82 f.; *Peter Lerche*, Übermaß und Verfassungsrecht: Zur Bindung des Gesetzgebers an die Grundsätze der Verhältnismäßigkeit und der Erforderlichkeit (1961), 2. Aufl., 1999, S. 21, 96.; *Bernhard Schlink*, Freiheit durch Eingriffsabwehr—Rekonstruktion der klassischen Grundrechtsfunktion, EuGRZ 11 (1984), S. 457 ff., 463; *Hinnerk Wißmann*, Generalklauseln: Verwaltungsbefugnisse zwischen Gesetzmäßigkeit und offenen Normen, 2008, S. 127. 中文討論參見黃舒芃，〈法律授權與法律拘束：Hans Kelsen 的規範理論對德國行政法上「不確定法律概念」拘束功能的啟示〉，《政治與社會哲學評論》，第 33 期，頁 47–95，75–76（2010 年）。

❹ 參見 *Karl-Heinz Ladeur*, Normkonkretisierende Verwaltungsvorschriften als Recht privat-öffentlicher Kooperationsverhältnisse—Das Beispiel der gemeinsamen Richtlinien der Landesmedienanstalten und die Perspektiven des Verwaltungsrechts der Informationsgesellschaft, DÖV 53 (2000), S. 217 ff., 224 f.; *Shu-Perng Hwang*, Gesetzesbindung durch unbestimmte Rechtsbegriffe: Eine kompetenzielle Überlegung, VerwArch 102 (2011) (im Erscheinen)；黃舒芃，〈法律如何促進競爭？《通訊傳播法——數位匯流、管制治理與法治國家》一書對法律管制功能的啟示〉，《台灣法學雜誌》，第 157 期，頁 9–12（2010 年）。

衡量，並且不斷順應改變的義務。至於利益衡量究竟該如何進行，以及「改變」究竟該依循何等規範目的，就必須視個別的法律授權目的與內容而定❺。從這一點也可以再度看出，欲確保行政命令的規範拘束，終究必須回歸檢視行政命令是否合乎法律授權；從而，法律的授權內涵為何，勢必成為確保與檢驗行政命令合法性的規範架構之下，最重要的判斷標準。

---

❺ 關於這一點的討論，詳見 *Shu-Perng Hwang*, Gesetzesbindung durch unbestimmte Rechtsbegriffe: Eine kompetenzielle Überlegung, VerwArch 102 (2011) (im Erscheinen)；黃舒芃，〈法律授權與法律拘束：Hans Kelsen 的規範理論對德國行政法上「不確定法律概念」拘束功能的啟示〉，《政治與社會哲學評論》，第 33 期，頁 47–95，70–74（2010 年）。

第五章

結　論

　　本書試圖在我國行政法體系大舉繼受德國當代行政法釋義學傳統的背景之下，透過對德國「法規命令」與「行政規則」規範體系的觀察，以及對我國憲政架構及現實發展脈絡的鋪陳，完整介紹我國以「法規命令」、「行政規則」與「職權命令」三者共同建構而成的行政命令體系，並分析其發展過程中所出現、或可能出現的問題，以作為未來繼續發展或改革的參考。

　　從本書的討論當中，我們可以發現，行政命令所牽涉的知識領域，顯然不僅限於行政法，而是一併涉及對憲法，乃至於法學方法論及法理論等基礎學科的理解。除此之外，有鑑於行政命令在行政實務上所扮演的重要角色，以及當代行政任務高度複雜化與分殊化的發展趨勢，若要更精準掌握行政命令的規範體系，在釋義學上所面臨的各種挑戰，勢必也要對行政命令在不同之行政法各論領域下的發展情形與所佔地位，有更完整而深入的認知。例如，本書第二章第 4 節提到所謂「將規範具體化之行政規則」，就是德國環境法與科技法領域，著眼於其高度仰賴科學與技術專業的特性，而發展出來的概念。這種允許行政規則甚至可以拘束行政法院的概念建構，究竟是否具有規範上的正當性，在釋義學上又應該如何評價，顯然都必須立基於對環境法及科技法領域所蘊含之高度動態性與未知性等特質的理解，才能推論出一套完整的解釋。

　　有鑑於此，從本書的觀點而言，關於我國行政命令規範體系在未來的發展走勢，除了必須仰賴憲法上一套穩固的權力分立基礎之外，也應該更進一步留意行政命令在警察法、建築法、公務員法、經濟行政法、環境法、電信法，甚至租稅法與社會法等領域，究竟是否、以及如何展現不同的規範面貌，又是以何等方式，牽動不同的權力分立課題。這個層次的探索，固然是本書篇幅與能力所不及，但絕對值得成為筆者與讀者後續共同努力的目標。

參考文獻

壹、中文文獻

一、期刊論文

1. 王泰升 (2003)，臺灣法律史：第一講──土地、人民、法律與歷史，月旦法學教室，第 13 期，頁 105-114。

2. 王泰升 (2007)，臺灣近代憲政文化的形成：以文本分析為中心，國立臺灣大學法學論叢，第 36 卷第 3 期，頁 1-49。

3. 王泰升、薛化元 (2003)，臺灣法律事件百選，月旦法學雜誌，第 100 期，頁 209-274。

4. 吳志光 (2001)，賦予法官法律違憲審查權之意義，司法改革雜誌，第 32 期，頁 49。

5. 吳信華 (2009)，憲法訴訟──「訴訟類型」：第四講：法官聲請釋憲，月旦法學教室，第 79 期，頁 24-37。

6. 吳啟賓 (2004)，解釋權與審判權之司法分工（上），台灣本土法學雜誌，第 65 期，頁 3-15。

7. 李仁淼 (2004)，以制定臺灣新憲法為前提，思考我國中央政府組織中「行政權」定位問題，月旦法學雜誌，第 108 期，頁 20-36。

8. 李建良 (2004)，行政法：第五講──行政法的法源、規範及其位階（上），月旦法學教室，第 24 期，頁 34-44。

9. 李震山 (2000)，論訂定法規命令之決定裁量──行政法院八十八年度判字第四三四三號判決評釋，台灣本土法學雜誌，第 15 期，頁 71-82。

10. 林三欽 (2003)，教師升等案──解釋函令之拘束力及其變更後之適用問題，台灣本土法學雜誌，第 44 期，頁 123-130。

11. 林三欽 (2004)，行政法令變遷與信賴保護──論行政機關處理新舊法秩序交替問題之原則，東吳法律學報，第 16 卷第 1 期，頁 131-186。

12. 林合民 (1987)，行政解釋之法律地位與司法獨立──從司法院釋字第二一六號解釋談起，植根雜誌，第 3 卷第 7 期，頁 2-7。

13. 林超駿 (1999)，略論抽象司法違憲審查制度，月旦法學雜誌，第 54 期，頁 99-113。

14. 柯格鐘 (2006)，稅法之解釋函令的效力──以稅捐實務上娼妓所得不予課稅為例，成大法學，第 12 期，頁 61-93。

15. 胡博硯 (2008)，自由化的電信市場中國家所應該扮演的角色：以德國為例，致理法學，第 3 期，頁 31-58。

16. 翁岳生 (1995)，論法官之法規審查權（上），月旦法學雜誌，第 4 期，頁 71–80。

17. 翁岳生 (1995)，論法官之法規審查權，國立臺灣大學法學論叢，第 24 卷第 2 期，頁 87–109。

18. 張錕盛 (1999)，德國行政法總論改革之新趨勢，月旦法學雜誌，第 50 期，頁 192–199。

19. 張麗卿 (2007)，公平交易委員會之判斷餘地與行政裁量——評台北高等行政法院九十五年度訴字第一○六三號與九十五年度訴字第一○四八號判決，月旦法學雜誌，第 146 期，頁 219–231。

20. 許育典 (2003)，民主共和國，月旦法學教室，第 9 期，頁 32–36。

21. 許育典 (2003)，法治國，月旦法學教室，第 7 期，頁 40–44。

22. 許宗力 (1990)，行政命令授權明確性問題之研究，國立臺灣大學法學論叢，第 19 卷第 2 期，頁 51–90。

23. 陳春生 (2004)，職權命令的概念與法理，月旦法學教室，第 17 期，頁 129–130。

24. 陳敏 (1997)，租稅法之解釋函令，政大法學評論，第 57 期，頁 1–35。

25. 陳清秀 (2010)，稅法上行政規則之變更與信賴保護，法學新論，第 18 期，頁 53–69。

26. 陳清雲 (2004)，稅法解釋函令與違憲審查（上）——司法院大法官釋字第四九六號解釋評析，台灣本土法學雜誌，第 62 期，頁 55–66。

27. 陳清雲 (2004)，稅法解釋函令與違憲審查（下）——司法院大法官釋字第四九六號解釋評析，台灣本土法學雜誌，第 63 期，頁 79–91。

28. 陳淑芳 (2005)，行政規則之法律性質，月旦法學教室，第 31 期，頁 30–31。

29. 陳愛娥 (2005)，行政行為形式、行政任務、行政調控：德國行政法總論改革的軌跡，月旦法學雜誌，第 120 期，頁 9–18。

30. 陳愛娥 (2010)，行政程序法施行十週年的回顧與前瞻——以行政法院裁判的觀察為基礎，月旦法學雜誌，第 182 期，頁 63–79。

31. 曾建元 (2002)，論臺灣修憲與選舉政治，律師雜誌，第 268 期，頁 77–99。

32. 湯德宗 (2010)，未依法訂定之法規命令得否作為裁判依據——大法官釋字第號解釋評析，法令月刊，第 61 卷第 5 期，頁 680–700。

33. 黃俊杰 (2004)，解釋函令之法源與性質，稅務旬刊，第 1897 期，頁 23–26。

34. 黃俊杰 (2009)，行政立法系列：第一講——法規命令，月旦法學教室，第 82 期，頁 51–65。

35. 黃俊杰 (2009)，行政立法系列：第二講——行政規則，月旦法學教室，第 83 期，頁 53–62。

36. 黃俊杰 (2010)，行政立法系列：第三講——職權命令，月旦法學教室，第 87 期，

頁 32-42。

37. 黃昭元 (1998)，九七修憲後我國中央政府體制的評估，國立臺灣大學法學論叢，第 27 卷第 2 期，頁 183-216。

38. 黃昭元 (1999)，國會改革五法簡介，台灣本土法學雜誌，第 1 期，頁 182-197。

39. 黃昭元 (2001)，美國總統與國會的權力平衡——分離又分享的伙伴關係，當代，第 161 期，頁 10-25。

40. 黃昭元 (2003)，司法違憲審查的制度選擇與司法院定位，國立臺灣大學法學論叢，第 32 卷第 5 期，頁 55-118。

41. 黃舒芃 (2004)，憲法解釋的「法適用」性格：從德國公法上法學方法論傳統對「法適用」與「法制訂」的區分探討聯邦憲法法院解釋活動的本質，政大法學評論，第 81 期，頁 51-110。

42. 黃舒芃 (2010)，法律如何促進競爭？《通訊傳播法——數位匯流、管制治理與法治國家》一書對法律管制功能的啟示，台灣法學雜誌，第 157 期，頁 9-12。

43. 黃舒芃 (2010)，法律授權與法律拘束：Hans Kelsen 的規範理論對德國行政法上「不確定法律概念」拘束功能的啟示，政治與社會哲學評論，第 33 期，頁 47-95。

44. 黃錦堂 (2003)，「行政法總論之改革：基本問題」要義與評論，憲政時代，第 29 卷第 2 期，頁 249-283。

45. 黃錦堂 (2004)，我國中央政府體制的現況與展望，月旦法學雜誌，第 108 期，頁 9-19。

46. 楊與齡 (1990)，具體法規審查制與我國司法院及法官之法規審查權，法令月刊，第 41 卷第 1 期，頁 3-6。

47. 楊與齡 (1998)，大法官第二六一號解釋與我國憲政發展——「萬年國會」的形成與終結，憲政時代，第 23 卷第 3 期，頁 3-21。

48. 葛克昌 (1997)，稅法解釋函令之法律性質：兼論稅捐稽徵法第一條之一之增訂，月旦法學雜誌，第 21 期，頁 69-73。

49. 董保城 (2000)，本土化「職權命令」法理建構之嘗試，「職權命令之過去、現在與未來」學術研討會，台灣行政法學會、政治大學法學院主辦，台灣本土法學雜誌，第 11 期，頁 93-99。

50. 廖元豪 (1999)，行政程序法命令訂定程序之研究，華岡法粹，第 27 期，頁 301-338。

51. 蔡茂寅 (2001)，函釋的法律性質，月旦法學教室，第 74 期，頁 24-25。

52. 蘇子喬 (1999)，從當前憲政體制的論辯釐清我國九七憲改後中央政府體制的定位，憲政時代，第 25 卷第 2 期，頁 96-112。

53. 蘇永欽 (2007)，裁判憲法訴願？——德國和台灣違憲審查制度的選擇，法令月刊，

第 58 卷第 3 期，頁 4–22。

54. 蘇永欽 (2009)，法規命令的違憲審查——簡評司法院大法官第 658 號解釋，法令月刊，第 60 卷第 9 期，頁 4–24。

55. 蘇俊雄 (1998)，違憲審查制度及憲法解釋效力之界限，月旦法學雜誌，第 42 期，頁 28–31。

二、專書論文

1. 吳志光 (2003)，違憲審查制度與司法一元化——兼論比較法上的觀察，比較違憲審查制度，神州圖書，頁 1–69。

2. 吳信華 (2009)，論中華民國的違憲審查制度——回顧、檢討與展望，憲法訴訟專題研究㈠——「訴訟類型」，元照，頁 531–568。

3. 李建良 (2003)，民主政治的建構基礎及其難題——以「多元主義」理論為主軸，憲法理論與實踐㈠，二版，新學林，頁 1–50。

4. 翁岳生 (1979)，論「不確定法律概念」與行政裁量之關係，行政法與現代法治國家，三版，國立臺灣大學法學院，頁 37–107。

5. 翁岳生 (1982)，論命令違法之審查，行政法與現代法治國家，四版，國立臺灣大學法學院，頁 109–129。

6. 許志雄 (2002)，立法與行政的分際，李鴻禧主編，台灣憲法之縱剖橫切，元照，頁 269–300。

7. 許宗力 (1993)，論國會對行政命令之監督，法與國家權力，二版，月旦，頁 269–300。

8. 許宗力 (1999)，行政命令授權明確性問題之研究，法與國家權力，元照，頁 215–268。

9. 許宗力 (1999)，訂定命令的裁量與司法審查，憲法與法治國行政，元照，頁 179–219。

10. 許宗力 (1999)，論國會對行政命令之審查，法與國家權力，元照，頁 269–300。

11. 許宗力 (2000)，職權命令是否還有明天？——論職權命令的合憲性及其適用範圍，台灣行政法學會主編，行政法爭議問題研究（上），五南，頁 340–360。

12. 許宗力 (2002)，發現「雙首長制」，陳隆志主編，新世紀新憲政：憲政研討會論文集，台灣新世紀文教基金會，頁 184–196。

13. 許宗力 (2007)，訂定命令的裁量與司法審查，憲法與法治國行政，二版，元照，頁 207–247。

14. 許宗力 (2007)，集中、抽象違憲審查的起源、發展與成功條件，法與國家權力㈡，元照，頁 1–40。

15. 陳春生 (2000)，行政規則外部效力問題，台灣行政法學會主編，行政法爭議問題研究（上），五南，頁 361–374。

16. 陳春生 (2001)，行政命令論——中華民國行政規則之法效力研究，台灣行政法學會主編，行政命令、行政處罰及行政爭訟之比較研究——臺灣行政法學會學術研討會論文集，台灣行政法學會，頁 75–114。

17. 陳淳文 (2008)，現行行政命令合法性審查之檢討——以不利益處分所引發之司法審查為中心，黃舒芃主編，2007 行政管制與行政爭訟，頁 105–169。

18. 陳清秀 (2006)，第四章：依法行政與法律的適用，翁岳生主編，行政法（上），三版，元照，頁 145–220。

19. 陳慈陽 (2003)，司法審查權之類型及司法院之定位——以違憲審查之憲法法院專屬管轄制度定位與作用為研究對象，台灣法學會主編，臺灣法學新課題(一)，台灣法學會，頁 1–26。

20. 陳愛娥 (1998)，「有效權利保障」與「行政決定空間」對行政訴訟制度的影響，司法院行政訴訟及懲戒廳編輯，行政訴訟論文彙編第一輯，頁 49–79。

21. 湯德宗 (2005)，論九七修憲後的憲法結構——憲改工程的另類選擇，權力分立新論——卷一：憲法結構與動態平衡，三版，元照，頁 1–58。

22. 湯德宗 (2005)，論行政立法之監督：「法規命令及行政規則」章起草構想，行政程序法論：論正當行政程序，二版，元照，頁 211–276。

23. 湯德宗 (2005)，論行政程序法的立法目的，行政程序法論：論正當行政程序，二版，元照，頁 51–84。

24. 湯德宗、吳信華、陳淳文 (2005)，論違憲審查制度的改進——由「多元多軌」到「一元單軌」的改制方案，湯德宗主編，憲法解釋之理論與實務——第四輯，中央研究院法律學研究所籌備處，頁 523–596。

25. 黃茂榮 (2005)，稅捐法源，稅法總論——第一冊：法學方法與現代稅法，二版，植根，頁 631–704。

26. 黃舒芃 (2009)，法律保留原則在德國法秩序下的意涵與特徵，民主國家的憲法及其守護者，元照，頁 7–53。

27. 葉俊榮 (2006)，第十章：行政命令，翁岳生主編，行政法（上），三版，元照，頁 390–474。

28. 葛克昌 (2009)，解釋函令與財稅行政，所得稅與憲法，三版，自版，頁 501–545。

29. 董翔飛 (1998)，從修憲到釋憲看我國憲政體制之變遷與成長，司法院大法官書記處編輯，司法院大法官釋憲五十週年紀念論文集，司法院，頁 437–466。

30. 蔡宗珍 (2004)，國民主權於憲政國家之具體結構與相關問題之檢討，憲法與國家(一)，自版，頁 47–66。

31. 蘇永欽 (2008)，裁判憲法訴願？——德國和台灣違憲審查制度的選擇，尋找共和國，

元照，頁 127–159。

三、專書

1. Eberhard Schmidt-Aßmann（著），林明鏘等（譯）(2009)，行政法總論作為秩序理念——行政法體系建構的基礎與任務，元照。
2. 吳志光 (2006)，行政法，新學林。
3. 吳庚 (2003)，憲法的解釋與適用，二版，自版。
4. 吳庚 (2004)，憲法的解釋與適用，三版，自版。
5. 吳庚 (2007)，行政法之理論與實用，十版，三民。
6. 吳庚 (2008)，行政法之理論與實用，十版二刷，三民。
7. 李惠宗 (2006)，憲法要義，三版，元照。
8. 李惠宗 (2007)，行政法要義，三版，元照。
9. 李震山 (2003)，行政法導論，五版，三民。
10. 李震山 (2007)，行政法導論，七版，三民。
11. 林子儀、葉俊榮、黃昭元、張文貞 (2003)，憲法：權力分立，學林。
12. 林子儀、葉俊榮、黃昭元、張文貞 (2008)，憲法：權力分立，二版，新學林。
13. 林明鏘 (2009)，歐盟行政法：德國行政法總論之變革，新學林。
14. 法治斌、董保城 (2006)，憲法新論，三版，董保城出版。
15. 城仲模 (1988)，行政法之基礎理論，五版，三民。
16. 翁岳生（編）(2006)，行政法（上），三版，元照。
17. 張永明 (2001)，行政法，三民。
18. 許育典 (2006)，憲法，元照。
19. 陳春生 (2003)，憲法，自版。
20. 陳敏 (2004)，行政法總論，四版，自版。
21. 陳敏 (2007)，行政法總論，五版，自版。
22. 陳慈陽 (2001)，行政法總論：基本原理、行政程序及行政行為，自版。
23. 陳新民 (2000)，行政法學總論，七版，自版。
24. 陳新民 (2005)，行政法學總論，八版，自版。
25. 陳新民 (2008)，憲法學釋論，六版，自版。
26. 程明修 (2006)，國家法講義(一)——憲法基礎理論與國家組織，新學林。
27. 黃俊杰 (2005)，行政法，三民。
28. 黃舒芃 (1999)，行政權力管理醫療體制的民主正當性基礎——以台灣全民健保制度為中心，國立臺灣大學法律學研究所碩士論文。

29. 齊光裕 (1998)，中華民國的憲政發展：民國卅十八年以來的憲法變遷，揚智文化。

貳、英文文獻

一、期刊論文

1. Bressman, Lisa Schultz (2000), Schechter Poultry at the Millenium: A Delegation Doctrine for the Administrative State, 109 Yale L. J. 1399.

2. Farina, Cynthia R. (1989), Statutory Interpretation and the Balance of Power in the Administrative State, 89 Colum. L. Rev. 452.

3. Schuck, Peter H. (1998–1999), Delegation and Democracy: Comments on David Schoenbrod, 20 Cardozo L. Rev. 775.

4. Stewart, Richard B. (1975), The Reformation of American Administrative Law, 88 Harv. L. Rev. 1667.

二、專書論文

Llewellyn, Karl Nickerson (1962), One "Realist's" View of Natural Law for Judges, in Jurisprudence: Realism in Theory and Practice 111–115, Chicago: University of Chicago Press.

三、專書

1. Fisher, Louis (1997), Constitutional Conflicts between Congress and the President, 4th ed., Lawrence, Kansas: University Press of Kansas.

2. Mashaw, Jerry L. (1997), Greed, Chaos, and Governance: Using Public Choice to Improve Public Law, New Haven: Yale University Press.

3. Pound, Roscoe (1921), The Spirit of the Common Law, Boston: Marshall Jones Co.

4. Schauer, Frederick (1991), Playing by the Rules: A Philosophical Examination of Rule-Based Decision-Making in Law and in Life, Oxford, England: Clarendon Press/New York: Oxford University Press.

5. Stoner, James Reist (1992), Common Law and Liberal Theory: Coke, Hobbes, and the Origins of American Constitutionalism, Lawrence, Kansas: University Press of Kansas.

參、德文文獻

一、期刊論文

1. Alexy, Robert (1990), Grundrechte als subjektive Rechte und als objektive Normen, Der Staat 29, S. 49 ff.

2. von Arnim, Hans Herbert (1987), Zur "Wesentlichkeitstheorie" des Bundesverfassungsgerichts. Einige Anmerkungen zum Parlamentsvorbehalt, DVBl. 102, S. 1241 ff.

3. Bachof, Otto (1955), Beurteilungsspielraum, Ermessen und unbestimmter Rechtsbegriff im Verwaltungsrecht, JZ 10, S. 97 ff.

4. Badura, Peter (1987), Die parlamentarische Volksvertretung und die Aufgabe der Gesetzgebung, ZG 2, S. 300 ff.

5. Böckenförde, Ernst-Wolfgang (1990), Grundrechte als Grundsatznormen. Zur gegenwärtigen Lage der Grundrechtsdogmatik, Der Staat 29, S. 1 ff.

6. Bönker, Christian (1992), Die verfassungs- und europarechtliche Zulässigkeit von Umweltstandards in Verwaltungsvorschriften, DVBl. 107, S. 804 ff.

7. von Danwitz, Thomas (1993), Normkonkretisierende Verwaltungsvorschriften und Gemeinschaftsrecht, VerwArch 84, S. 73 ff.

8. Di Fabio, Udo (1992), Verwaltungsvorschriften als ausgeübte Beurteilungsermächtigung: Plädoyer für eine Neubestimmung der normkonkretisierenden Verwaltungsvorschriften im System der Rechtsquellen, DVBl. 107, S. 1338 ff.

9. Engi, Lorenz (2008), Governance—Umrisse und Problematik eines staatstheoretischen Leitbildes, Der Staat 47, S. 573 ff.

10. Erichsen, Hans-Uwe (1995), Vorrang und Vorbehalt des Gesetzes, Jura 17, S. 550 ff.

11. Gerhardt, Michael (1989), Normkonkretisierende Verwaltungsvorschriften, NJW 42, S. 2233 ff.

12. Grzeszick, Bernd (2009), Anspruch, Leistungen und Grenzen steuerungswissenschaftlicher Ansätze für das geltende Recht: Überlegungen am Beispiel des verwaltungsvertraglichen Koppelungsverbotes, Die Verwaltung 42, S. 105 ff.

13. Gusy, Christoph (1995), Probleme der Verrechtlichung technischer Standards, NVwZ

14, S. 105 ff.

14. Henke, Wilhelm (1992), Wandel der Dogmatik des öffentlichen Rechts, JZ 47, S. 541 ff.

15. Herdegen, Matthias (1989), Gestaltungsspielräume bei administrativer Normgebung—Ein Beitrag zu rechtsformabhängigen Standards für die gerichtliche Kontrolle von Verwaltungshandeln, AöR 114, S. 607 ff.

16. Hill, Hermann (1989), Normkonkretisierende Verwaltungsvorschriften, NVwZ 8, S. 401 ff.

17. Hoffmann-Riem, Wolfgang (1990), Reform des allgemeinen Verwaltungsrechts als Aufgabe—Ansätze am Beispiel des Umweltschutzes, AöR 115, S. 400 ff.

18. Hoffmann-Riem, Wolfgang (1997), Tendenzen in der Verwaltungsrechtsentwicklung, DÖV 50, S. 433 ff.

19. Hwang, Shu-Perng (2007), Die Bindung des Richters an Gesetz und Recht: Richterliche Entscheidung nach dem richtigen Recht oder der Rahmenordnung des Rechts?, Rechtstheorie 38, S. 451 ff.

20. Hwang, Shu-Perng (2009), Rechtsbindung durch Rechtsermächtigung: Ein topisches Verständnis der Reinen Rechtslehre zur Erläuterung des Verhältnisses von Richterbindung und Richterfreiheit, Rechtstheorie 40, S. 43 ff.

21. Hwang, Shu-Perng (2010), Grundrechtsoptimierung durch (Kelsensche) Rahmenordnung. Zugleich ein Beitrag zur grundrechtsoptimierenden Funktion der unbestimmten Rechtsbegriffe am Beispiel "Stand von Wissenschaft und Technik", Der Staat 49, S. 456 ff.

22. Hwang, Shu-Perng (2010), Richtigkeit als Rechtsbegriff? Eine Überlegung zur Reform des allgemeinen Verwaltungsrechts aus rechtsmethodologischer Perspektive, VerwArch 101, S. 180 ff.

23. Hwang, Shu-Perng (2011), Gesetzesbindung durch unbestimmte Rechtsbegriffe: Eine kompetenzielle Überlegung, VerwArch 102 (im Erscheinen).

24. Jachmann, Monika (1995), Die Bindungswirkung normkonkretisierender Verwaltungsvorschriften. Anmerkungen zu einer Rechtsetzungsfunktion der rechtsanwendenden Verwaltung aus methodologischer sowie verfassungsrechtlicher Sicht, Die Verwaltung 28, S. 17 ff.

25. Jarass, Hans Dieter (1985), Grundrechte als Wertentscheidungen bzw. objektivrechtliche Prinzipien in der Rechtsprechung des Bundesverfassungsgerichts,

AöR 110, S. 363 ff.

26. Jarass, Hans Dieter (1999), Bindungswirkung von Verwaltungsvorschriften, JuS 39, S. 105 ff.

27. Jesch, Dietrich (1957), Unbestimmter Rechtsbegriff und Ermessen in rechtstheoretischer und verfassungsrechtlicher Sicht, AöR 82, S. 163 ff.

28. Krebs, Walter (1979), Zur Rechtsetzung der Exekutive durch Verwaltungsvorschriften, VerwArch 70, S. 259 ff.

29. Kube, Hanno (2003), Vom Gesetzesvorbehalt des Parlaments zum formellen Gesetz der Verwaltung?, NVwZ 22, S. 57 ff.

30. Külpmann, Christoph (2002), Änderungen von Rechtsverordnungen durch den Gesetzgeber, NJW 55, S. 3436 ff.

31. Ladeur, Karl-Heinz (2000), Normkonkretisierende Verwaltungsvorschriften als Recht privat-öffentlicher Kooperationsverhältnisse—Das Beispiel der gemeinsamen Richtlinien der Landesmedienanstalten und die Perspektiven des Verwaltungsrechts der Informationsgesellschaft, DÖV 53, S. 217 ff.

32. Leisner, Anna (2002), Verwaltungsgesetzgebung durch Erlasse, JZ 57, S. 219 ff.

33. Lepsius, Oliver (1994), Besprechung von P. Kirchhof/D. Kommers (Hrsg.), Deutschland und sein Grundgesetz, AöR 119, S. 161 ff.

34. Martini, Mario (2008), Normsetzungsdelegation zwischen parlamentarischer Steuerung und legislativer Effizienz—auf dem Weg zu einer dritten Form der Gesetzgebung?, AöR 133, S. 155 ff.

35. Möllers, Christoph (2002), Theorie, Praxis und Interdisziplinarität in der Verwaltungsrechtswissenschaft, VerwArch 93, S. 22 ff.

36. Ossenbühl, Fritz (1982), Die Bewertung technischer Risiken bei der Rechtsetzung, DÖV 35, S. 833 ff.

37. Pitschas, Rainer (2004), Neues Verwaltungsrecht im partnerschaftlichen Rechtsstaat?—Zum Wandel von Handlungsverantwortung und —formen der öffentlichen Verwaltung am Beispiel der Vorsorge für innere Sicherheit in Deutschland, DÖV 57, S. 231 ff.

38. Ritter, Ernst-Hasso (2003), Integratives Management und Strategieentwicklung in der staatlichen Verwaltung—Über strategisches Controlling auf der Ministerialebene, DÖV 56, S. 93 ff.

39. Rottmann, Frank (1985), Der Vorbehalt des Gesetzes und die grundrechtlichen Gesetzesvorbehalt, EuGRZ 12, S. 277 ff.

40. Rupp, Hans Heinrich (1969), Ermessensspielraum und Rechtsstaatlichkeit, NJW 22, S. 1273 ff.

41. Saurer, Johannes (2006), Die neueren Theorien zur Normkategorie der Verwaltungsvorschriften, VerwArch 97, S. 249 ff.

42. Schlink, Bernhard (1984), Freiheit durch Eingriffsabwehr—Rekonstruktion der klassischen Grundrechtsfunktion, EuGRZ 11, S. 457 ff.

43. Schoch, Friedrich (2004), Das verwaltungsbehördliche Ermessen, Jura 26, S. 462 ff.

44. Schulze-Fielitz, Helmuth (1993), Neue Kriterien für die verwaltungsgerichtliche Kontrolldichte bei der Anwendung unbestimmter Rechtsbegriffe, JZ 48, S. 772 ff.

45. Treiber, Hubert (2007), Verwaltungsrechtswissenschaft als Steuerungswissenschaft—eine "Revolution auf dem Papier"?, KJ 40, S. 328 ff.

46. Treiber, Hubert (2008), Verwaltungsrechtswissenschaft als Steuerungswissenschaft—eine "Revolution auf dem Papier"?, KJ 41 (2008), S. 48 ff.

47. Trute, Hans-Heinrich/Denkhaus, Wolfgang/Kühlers, Doris (2004), Governance in der Verwaltungsrechtswissenschaft, Die Verwaltung 37, S. 451 ff.

48. Uhle, Arnd (2001), Verordnungsänderung durch Gesetz und Gesetzesänderung durch Verordnung?, DÖV 54, S. 241 ff.

49. Voßkuhle, Andreas (2001), "Schlüsselbegriffe" der Verwaltungsrechtsreform—Eine kritische Bestandsaufnahme, VerwArch 92, S. 184 ff.

二、專書論文

1. Appel, Ivo (2004), Methodik des Umgangs mit Ungewissheit, in: Eberhard Schmidt-Aßmann/Wolfgang Hoffmann-Riem (Hrsg.), Methoden der Verwaltungsrechtswissenschaft, Baden-Baden: Nomos, S. 327 ff.

2. Appel, Ivo (2008), Das Verwaltungsrecht zwischen klassischem dogmatischen Verständnis und steuerungswissenschaftlichem Anspruch, in: VVDStRL 67, Berlin: Walter de Gruyter, S. 226 ff.

3. Badura, Peter (1982), Diskussionsbeitrag, in: VVDStRL 40, Berlin: Walter de Gruyter, S. 105 ff.

4. Badura, Peter (2004), Die parlamentarische Demokratie, in: Josef Isensee/Paul Kirchhof (Hrsg.), HStR II, 3. Aufl., Heidelberg: C. F. Müller, § 25.

5. Bauer, Hartmut (2006), in: Horst Dreier (Hrsg.), Grundgesetz-Kommentar, Band II: Art. 20–82, 2. Aufl., Tübingen: Mohr Siebeck, Art. 80.

6. Böckenförde, Ernst-Wolfgang (1987), Demokratie als Verfassungsprinzip, in: Josef Isensee/Paul Kirchhof (Hrsg.), HStR I, Heidelberg: C. F. Müller, § 22.

7. Böckenförde, Ernst-Wolfgang (2004), Demokratie als Verfassungsprinzip, in: Josef Isensee/Paul Kirchhof (Hrsg.), HStR II, 3. Aufl., Heidelberg: C. F. Müller, § 24.

8. Böckenförde, Ernst-Wolfgang (2006), Entstehung und Wandel des Rechtsstaatsbegriffs, in: ders., Recht, Staat, Freiheit. Studien zur Rechtsphilosophie, Staatstheorie und Verfassungsgeschichte, erweiterte Ausgabe, Frankfurt am Main: Suhrkamp, S. 143 ff.

9. Brenner, Michael (2001), in: Hermann von Mangoldt/Friedrich Klein/Christian Starck, Das Bonner Grundgesetz: Kommentar, Band III: Art. 79–146, 4. Aufl., München: F. Vahlen, Art. 80.

10. Breuer, Rüdiger (1998), Tendenzwende des Rechtsschutzes? Betrachtungen zu den §§ 43 ff. UGB-KomE, in: Peter Marburger/Michael Reinhardt/Meinhard Schröder (Hrsg.), Jahrbuch des Umwelt- und Technikrechts 1998: Bd. 45, Berlin: Erich Schmidt, S. 161 ff.

11. Bullinger, Martin (2008), Das Ermessen der öffentlichen Verwaltung: Entwicklung, Funktionen, Gerichtskontrolle (1984), in: ders., Regulierung von Wirtschaft und Medien, Tübingen: Mohr Siebeck, S. 12 ff.

12. Bumke, Christian (2008), Verwaltungsakte, in: Wolfgang Hoffmann-Riem/Eberhard Schmidt-Aßmann/Andreas Voßkuhle (Hrsg.), Grundlagen des Verwaltungsrechts, Band II: Informationsordnung, Verwaltungsverfahren, Handlungsformen, München: C. H. Beck, § 35.

13. Di Fabio, Udo (2004), Gewaltenteilung, in: Josef Isensee/Paul Kirchhof (Hrsg.), HStR II, 3. Aufl., Heidelberg: C. F. Müller, § 27.

14. Durham, W. Cole (1993), Das Grundgesetz—eine grundsätzliche Bewertung aus amerikanischer Sicht, in: Paul Kirchhof/Donald P. Kommers (Hrsg.), Deutschland und sein Grundgesetz: Themen einer deutsch-amerikanischen Konferenz, Baden-Baden: Nomos, S. 41 ff.

15. Ehlers, Dirk (2006), Rechtsquellen und Rechtsnormen der Verwaltung, in: Hans-Uwe Erichsen/ders. (Hrsg.), Allgemeines Verwaltungsrecht, 13. Aufl., Berlin: Walter de Gruyter, S. 52 ff.

16. Eichenberger, Kurt (1982), Gesetzgebung im Rechtsstaat, in: VVDStRL 40, Berlin: Walter de Gruyter, S. 7 ff.

17. Eifert, Martin (2006), Regulierungsstrategien, in: Wolfgang Hoffmann-Riem/Eberhard

Schmidt-Aßmann/Andreas Voßkuhle (Hrsg.), Grundlagen des Verwaltungsrechts, Band I: Methoden-Maßstäbe-Aufgaben-Organisationen, München: C. H. Beck, § 19.

18. Eifert, Martin (2008), Verwaltungsrecht zwischen klassischem dogmatischen Verständnis und steuerungswissenschaftlichem Anspruch, in: VVDStRL 67, Berlin: Walter de Gruyter, S. 286 ff.

19. Hesse, Konrad (1962), Der Rechtsstaat im Verfassungssystem des Grundgesetzes, in: ders./Siegfried Reicke/Ulrich Scheuner (Hrsg.), Staatsverfassung und Kirchenordnung. Festgabe für Rudolf Smend zum 80. Geburtstag am 15. Januar 1962, 1962, Tübingen: Mohr Siebeck, S. 71 ff.

20. Hill, Hermann (2008), Normsetzung und andere Formen exekutivischer Selbstprogrammierung, in: Wolfgang Hoffmann-Riem/Eberhard Schmidt-Aßmann/Andreas Voßkuhle (Hrsg.), Grundlagen des Verwaltungsrechts, Band II: Informationsordnung, Verwaltungsverfahren, Handlungsformen, München: C. H. Beck, § 34.

21. Hoffmann-Riem, (1993), Wolfgang Verwaltungsrechtsreform—Ansätze am Beispiel des Umweltrechts, in: ders./Eberhard Schmidt-Aßmann/Gunnar Folke Schuppert (Hrsg.), Reform des allgemeinen Verwaltungsrechts: Grundfragen, Baden-Baden: Nomos, S. 115 ff.

22. Hoffmann-Riem, Wolfgang (1994), Ermöglichung von Flexibilität und Innovationsoffenheit im Verwaltungsrecht—Einleitende Problemskizze, in: ders./ Eberhard Schmidt-Aßmann (Hrsg.), Innovation und Flexibilität des Verwaltungshandelns, Baden-Baden: Nomos, S. 9 ff.

23. Hofmann, Hasso (1995), Bundestaatliche Spaltung des Demorkratiebegriffs?, in: ders., Verfassunsrechtliche Perspektiven: Aufsätze aus Jahren 1980–1994, Tübingen: Mohr Siebeck, S. 146 ff.

24. Hofmann, Hasso (2004), Die Entwicklung des Grundgesetzes von 1949 bis 1990, in: Josef Isensee/Paul Kirchhof (Hrsg.) HStR I, 3. Aufl., Heidelberg: C. F. Müller, § 9.

25. Huber, Peter M. (1995), Die parlamentarische Demokratie unter den Bedingungen der europäischen Integration, in: ders./Wilhelm Mössle/Martin Stock (Hrsg.), Zur Lage der parlamentarischen Demokratie, Tübingen: Mohr Siebeck, S. 105 ff.

26. Jarass, Hans Dieter (2001), Die Grundrechte: Abwehrrechte und objektive Grundsatznormen. Objektive Grundrechtsgehalte, insbes. Schutzpflichten und privatrechtsgestaltende Wirkung, in: Peter Badura/Horst Dreier (Hrsg.), Festschrift 50

Jahre Bundesverfassungsgericht, Band II, Tübingen: Mohr Siebeck, S. 35 ff.

27. Jestaedt, Matthias (2006), Maßstäbe des Verwaltungshandelns, in: Hans-Uwe Erichsen/Dirk Ehlers (Hrsg.), Allgemeines Verwaltungsrecht, 13. Aufl., Berlin: Walter de Gruyter, S. 291 ff.

28. Krause, Peter (2005), Verfassungsrechtliche Möglichkeiten unmittelbarer Demokratie, in: Josef Isensee/Paul Kirchhof (Hrsg.), HStR III, 3. Aufl., Heidelberg: C. F. Müller, § 35.

29. Lange, Klaus (1993), Innenrecht und Außenrecht, in: Wolfgang Hoffmann-Riem/Eberhard Schmidt-Aßmann/Gunnar Folke Schuppert (Hrsg.), Reform des allgemeinen Verwaltungsrechts: Grundfragen, Baden-Baden: Nomos, S. 307 ff.

30. Lepsius, Oliver (1999), Die erkenntnistheoretische Notwendigkeit des Parlamentarismus, in: Martin Bertschi u. a. (Hrsg.), Demokratie und Freiheit. 39. Tagung der Wissenschaftlichen Mitarbeiterinnen und Mitarbeiter der Fachrichtung "Öffentliches Recht", Stuttgart: Boorberg, S. 123 ff.

31. Lücke, Jörg/Mann, Thomas (2007), in: Michael Sachs (Hrsg.), Grundgesetz-Kommentar, 4. Aufl., München: C. H. Beck, Art. 80.

32. Möstl, Markus (2006), Verwaltungshandeln und Verwaltungsverhältnis, in: Hans-Uwe Erichsen/Dirk Ehlers (Hrsg.), Allgemeines Verwaltungsrecht, 13. Aufl., Berlin: Walter de Gruyter, S. 597 ff.

33. Ossenbühl, Fritz (1988), Vorrang und Vorbehalt des Gesetzes, in: Josef Isensee/Paul Kirchhof (Hrsg.), HStR III, Heidelberg: C. F. Müller, § 62.

34. Ossenbühl, Fritz (1993), Gedanken zur Kontrolldichte in der verwaltungsgerichtlichen Rechtsprechung, in: Bernd Bender/Rüdiger Breuer/Fritz Ossenbühl//Horst Sendler (Hrsg.), Rechtsstaat zwischen Sozialgestaltung und Rechtsschutz Festschrift für Konrad Redeker zum 70. Geburtstag, München: C. H. Beck, S. 55 ff.

35. Ossenbühl, Fritz (1996), Autonome Rechtsetzung der Verwaltung, in: Josef Isensee/Paul Kirchhof (Hrsg.), HStR III, 2. Aful., Heidelberg: C. F. Müller, § 65.

36. Ossenbühl, Fritz (1996), Vorrang und Vorbehalt des Gesetzes, in: Josef Isensee/Paul Kirchhof (Hrsg.), HStR III, 2. Aful., Heidelberg: C. F. Müller, § 62.

37. Ossenbühl, Fritz (2002), Rechtsquellen und Rechtsbindungen der Verwaltung, in: Hans-Uwe Erichsen/Dirk Ehlers (Hrsg.), Allgemeines Verwaltungsrecht, 12. Aufl., Berlin: Walter de Gruyter, § 6.

38. Ossenbühl, Fritz (2003), Gedanken zur demokratischen Legitimation der Verwaltung,

in: Hans-Detlef Horn (Hrsg.), Recht im Pluralismus. Festschrift für Walter Schmitt Glaeser zum 70. Geburtstag, Berlin: Duncker & Humblot, S. 103 ff.

39. Rehbinder, Eckard (2007), Ziele, Grundsätze, Strategien und Instrumente des Umweltschutzes, in: Klaus Hansmann/Dieter Sellner (Hrsg.), Grundzüge des Umweltrechts: Herausgegeben im Auftrag des Arbeitskreises für Umweltrecht (AKUR), 3. Aufl., Berlin: Erich Schmidt, S. 123 ff.

40. Reimer, Franz (2006), Das Parlamentsgesetz als Steuerungsmittel und Kontrollmaßstab, in: Wolfgang Hoffmann-Riem/Eberhard Schmidt-Aßmann/Andreas Voßkuhle (Hrsg.), Grundlagen des Verwaltungsrechts, Band I: Methoden—Maßstäbe—Aufgaben—Organisation, München: C. H. Beck, § 9.

41. Rossen-Stadtfeld, Helge (2008), Beteiligung, Partizipation und Öffentlichkeit, in: Wolfgang Hoffmann-Riem/Eberhard Schmidt-Aßmann/Andreas Voßkuhle (Hrsg.), Grundlagen des Verwaltungsrechts, Band II: Informationsordnung, Verwaltungsverfahren, Handlungsformen, München: C. H. Beck, § 29.

42. Ruffert, Mattias (2006), Rechtsquellen und Rechtsschichten des Verwaltungsrechts, in: Wolfgang Hoffmann-Riem/Eberhard Schmidt-Aßmann/Andreas Voßkuhle (Hrsg.), Grundlagen des Verwaltungsrechts, Band I: Methoden—Maßstäbe—Aufgaben—Organisation, München: C. H. Beck, § 17.

43. Sannwald, Rüdiger (2008), in: Bruno Schmidt-Bleibtreu/Hans Hofmann/Axel Hopfauf, Kommentar zum Grundgesetz (GG), 11. Aufl., München: Carl Heymanns, Art. 80.

44. Scherzberg, Arno (2002), Wissen, Nichtwissen und Ungewissheit im Recht, in: Christoph Engel/Jost Halfmann/Martin Schulte (Hrsg.), Wissen—Nichtwissen—Unsicheres Wissen, Baden-Baden: Nomos, S. 114 ff.

45. Scherzberg, Arno (2004), Rationalität—staatswissenschaftlich betrachtet, in: Walter Krebs (Hrsg.), Liber amicorum Hans-Uwe Erichsen: zum 70. Geburtstag am 15. Oktober 2004., München: Carl Heymanns, S. 177 ff.

46. Schmidt, Reiner (1994), Flexibilität und Innovationsoffenheit im Bereich der Verwaltungsmaßstäbe, in: Wolfgang Hoffmann-Riem/Eberhard Schmidt-Aßmann (Hrsg.), Innovation und Flexibilität des Verwaltungshandelns, Baden-Baden: Nomos, S. 67 ff.

47. Schmidt-Aßmann, Eberhard (1997), Verwaltungsorganisationsrecht als Steuerungsressource—Einleitende Problemskizze, in: ders./Wolfgang Hoffmann-Riem (Hrsg.), Verwaltungsorganisationsrecht als Steuerungsressource, Baden-Baden: Nomos,

S. 9 ff.

48. Schmidt-Aßmann, Eberhard (2000), Die Rechtsverordnung in ihrem Verhältnis zu Gesetz und Verwaltungsvorschrift, in: Paul Kirchhof/Moris Lehner/Arndt Raupach/Michael Rodi (Hrsg.), Staaten und Steuern. Festschrift für Klaus Vogel zum 70. Geburtstag, Heidelberg: C. F. Müller, S. 477 ff.

49. Schmidt-Aßmann, Eberhard (2001), Verwaltungskontrolle: Einleitende Problemskizze, in: ders./Wolfgang Hoffmann-Riem (Hrsg.), Verwaltungskontrolle, Baden-Baden: Nomos, S. 9 ff.

50. Schmidt-Aßmann, Eberhard (2007), in: Theodor Maunz/Günter Dürig (Hrsg.), Grundgesetz-Kommentar, Bd. III: Art. 17–27, München: C. H. Beck, Art. 19.

51. Schmitt Glaeser, Walter (1973), Partizipation an Verwaltungsentscheidungen, in: VVDStRL 31, Berlin: Walter de Gruyter, S. 179 ff.

52. Schoch, Friedrich (2008), Außerrechtliche Standards des Verwaltungshandelns als gerichtliche Kontrollmaßstäbe, in: Hans-Heinrich Trute/Thomas Groß/Hans Christian Röhl/Christoph Möllers (Hrsg.), Allgemeines Verwaltungsrecht—zur Tragfähigkeit eines Konzepts, Baden-Baden: Nomos, 543 ff.

53. Stolleis, Michael (1994), Verwaltungsrechtswissenschaft in der Bundesrepublik Deutschland, in: Dieter Simon (Hrsg.), Rechtswissenschaft in der Bonner Republik, Frankfurt am Main: Suhrkamp, S. 227 ff.

54. Stolleis, Michael (2006), Entwicklungsstufen der Verwaltungsrechtswissenschaft, in: Wolfgang Hoffmann-Riem/Eberhard Schmidt-Aßmann/Andreas Voßkuhle (Hrsg.), Grundlagen des Verwaltungsrechts, Band I: Methoden-Maßstäbe-Aufgaben-Organisationen, 2006, München: C. H. Beck, § 2.

55. Trute, Hans-Heinrich (2004), Methodik der Herstellung und Darstellung verwaltungsrechtlicher Entscheidungen, in: Eberhard Schmidt-Aßmann/Wolfgang Hoffmann-Riem (Hrsg.), Methoden der Verwaltungsrechtswissenschaft, Baden-Baden: Nomos, S. 293 ff.

56. Vogel, Klaus (1966), Gesetzgeber und Verwaltung, in: VVDStRL 24, Berlin: Walter de Gruyter, S. 125 ff.

57. Voßkuhle, Andreas (2006), Neue Verwaltungsrechtswissenschaft, in: Wolfgang Hoffmann-Riem/Eberhard Schmidt-Aßmann/ders. (Hrsg.), Grundlagen des Verwaltungsrechts, Band I: Methoden-Maßstäbe-Aufgaben-Organisation, München: C. H. Beck, § 1.

58. Wahl, Rainer (2003), Verwaltungsvorschriften: Die ungesicherte dritte Kategorie des Rechts, in: Eberhard Schmidt-Aßmann/Dieter Sellner/Günter Hirsch/Gerd-Heinrich Kemper/Hinrich Lehmann-Grube (Hrsg.), Festgabe 50 Jahre Bundesverwaltungsgericht, Köln/Berlin: Carl Heymanns, S. 571 ff.

59. Wahl, Rainer (2004), Die objektiv-rechtliche Dimension der Grundrechte im internationalen Vergleich, in: Detlef Merten/Hans-Jürgen Papier, Handbuch der Grundrechte in Deutschland und Europa, Band I: Entwicklung und grundlagen, Heidelberg: C. F. Müller, § 19.

60. Würtenberger, Thomas (1999), Rechtliche Optimierungsgebote oder Rahmensetzungen für das Verwaltungshandeln?, in: VVDStRL 58, Berlin: Walter de Gruyter, S. 139 ff.

三、專書

1. Appel, Ivo (2005), Staatliche Zukunfts- und Entwicklungsvorsorge, Tübingen: Mohr Siebeck.

2. von Bogdandy, Armin (2000), Gubernative Rechtsetzung. Eine Neubestimmung der Rechtsetzung und des Regierungssystems unter dem Grundgesetz in der Perspektive gemeineuropäischer Dogmatik, Tübingen: Mohr Siebeck.

3. Böckenförde, Ernst-Wolfgang (1981), Nachwort: Gesetzesbegriff und Gesetzesvorbehalt. Bemerkungen zur Entwicklung und zum heutigen Stand der Diskussion (1981), in: ders., Gesetz und gesetzgebende Gewalt. Von den Anfängen der deutschen Staatsrechtslehre bis zur Höhe des staatsrechtlichen Positivismus (1958), 2. Aufl., Berlin: Duncker & Humblot.

4. von Danwitz, Thomas (1989), Die Gestaltungsfreiheit des Verordnungsgebers: Zur Kontrolldichte verordnungsgeberischer Entscheidungen, Berlin: Duncker & Humblot.

5. Di Fabio, Udo (1994), Risikoentscheidungen im Rechtsstaat, Tübingen: Mohr Siebeck.

6. Di Fabio, Udo (1998), Das Recht offener Staaten: Grundlinien einer Staats- und Rechtstheorie, Tübingen: Mohr Siebeck.

7. Dolderer, Michael (2000), Objektive Grundrechtsgehalte, Berlin: Duncker & Humblot.

8. Folke Schuppert, Gunnar (2000), Verwaltungswissenschaft: Verwaltung, Verwaltungsrecht, Verwaltungslehre, 2000, Baden-Baden: Nomos.

9. Gellermann, Martin (2000), Grundrechte in einfachgesetzlichem Gewande: Untersuchung zur normativen Ausgestaltung der Freiheitsrechte, Tübingen: Mohr Siebeck.

10. Horn, Hans-Detlef (1999), Die grundrechtsunmittelbare Verwaltung. Zur Dogmatik des Verhältnisses zwischen Gesetz, Verwaltung und Individuum unter dem Grundgesetz, Tübingen: Mohr Siebeck.

11. Hwang, Shu-Perng (2005), Verfassungsgerichtlicher Jurisdiktionsstaat? Eine rechtsvergleichende Analyse zur Kompetenzabgrenzung von Verfassungsgericht und Gesetzgeber in den USA und der Bundesrepublik Deutschland, Berlin: Duncker & Humblot.

12. Jesch, Dietrich (1961), Gesetz und Verwaltung. Eine Problemstudie zum Wandel des Gesetzmäßigkeitsprinzips, Tübingen: Mohr Siebeck.

13. Kohnen, Dominic (1998), Die Zukunft des Gesetzesvorbehalts in der Europäischen Union. Zur Rolle des Bundestages in den Angelegenheiten der Europäischen Union, Baden-Baden: Nomos.

14. Kopp, Ferdinand Otto/Schenke, Wolf-Rüdiger (2007), Verwaltungsgerichtsordnung-Kommentar, 15. Aufl., München: C. H. Beck.

15. Larenz, Karl (1979), Richtiges Recht. Grundzüge einer Rechtsethik, München: C. H. Beck.

16. Lepsius, Oliver (1997), Verwaltungsrecht unter dem Common Law: Amerikanische Entwicklungen bis zum New Deal, Tübingen: Mohr Siebeck.

17. Lepsius, Oliver (1999), Steuerungsdiskussion, Systemtheorie und Parlamentarismuskritik, Tübingen: Mohr Siebeck.

18. Lepsius, Oliver (2002), Besitz und Sachherrschaft im öffentlichen Recht, Tübingen: Mohr Siebeck.

19. Lerche, Peter (1999), Übermaß und Verfassungsrecht: Zur Bindung des Gesetzgebers an die Grundsätze der Verhältnismäßigkeit und der Erforderlichkeit (1961), 2. Aufl., Goldbach: Keip.

20. Luhmann, Niklas (1968), Zweckbegriff und Systemrationalität. Über die Funktion von Zwecken in sozialen Systemen, Tübingen: Mohr Siebeck.

21. Luhmann, Niklas (1981), Ausdifferenzierung des Rechts: Beiträge zur Rechtssoziologie und Rechtstheorie, Frankfurt am Main: Suhrkamp.

22. Luhmann, Niklas (1997), Recht und Automation in der öffentlichen Verwaltung: eine verwaltungswissenschaftliche Untersuchung, 2. Aufl., Berlin: Duncker & Humblot.

23. Maurer, Hartmut (2006), Allgemeines Verwaltungsrecht, 16. Aufl., München: C. H. Beck.

24. Maurer, Hartmut (2009), Allgemeines Verwaltungsrecht, 17. Aufl., München: C. H. Beck.

25. Meßerschmidt, Klaus (2000), Gesetzgebungsermessen, Berlin Verlag Arno Spitz GmbH, Baden-Baden: Nomos.

26. Möllers, Christoph (2005), Gewaltengliederung: Legitimation und Dogmatik im nationalen und internationalen Rechtsvergleich, Tübingen: Mohr Siebeck.

27. Morgenthaler, Gerd (1999), Freiheit durch Gesetz: der parlamentarische Gesetzgeber als Erstadressat der Freiheitsgrundrechte, Tübingen: Mohr Siebeck.

28. Pache, Eckhard (2001), Tatbestandliche Abwägung und Beurteilungsspielraum: Zur Einheitlichkeit administrativer Entscheidungsfreiräume und zu deren Konsequenzen im verwaltungsgerichtlichen Verfahren—Versuch einer Modernisierung, Tübingen: Mohr Siebeck.

29. Saurer, Johannes (2005), Die Funktionen der Rechtsverordnung. Der gesetzgeberische Zuschnitt des Aufgaben- und Leistungsprofils exekutiver Rechtsetzung als Problem des Verfassungsrechts, ausgehend vom Referenzgebiet des Umweltrechts, Berlin: Duncker & Humblot.

30. Scharpf, Fritz Wilhelm (1970), Die politischen Kosten des Rechtsstaats. Eine vergleichende Studie der deutschen und amerikanischen Verwaltungskontrollen, Tübingen: Mohr Siebeck.

31. Schenke, Wolf-Rüdiger (2002), Verwaltungsprozeßrecht, 8. Aufl., Heidelberg: C. F. Müller.

32. Schlaich, Klaus/Korioth, Stefan (2004), Das Bundesverfassungsgericht—Stellung, Verfahren, Entscheidungen, 6. Aufl., München: C. H. Beck.

33. Schmidt-Aßmann, Eberhard (2006), Das allgemeine Verwaltungsrecht als Ordnungsidee: Grundlagen und Aufgaben der verwaltungsrechtlichen Systembildung, 2. Aufl., Berlin: Springer.

34. Schuppert, Gunnar Folke (Hrsg.) (2005), Governance-Forschung. Vergewisserung über Stand und Entwicklungslinien, Baden-Baden: Nomos.

35. Schuppert, Gunnar Folke/Bumke, Christian (Hrsg.) (2000), Die Konstitutionalisierung der Rechtsordnung. Überlegungen zum Verhältnis von verfassungsrechtlicher Ausstrahlungswirkung und Eigenständigkeit des einfachen Rechts, Baden-Baden: Nomos.

36. Schuppert, Gunnar Folke/Voßkuhle, Andreas (Hrsg.) (2008), Governance von und

durch Wissen, Baden-Baden: Nomos.

37. Staupe, Jürgen (1986), Parlamentsvorbehalt und Delegationsbefugnis: Zur "Wesentlichkeitstheorie" und zur Reichweite legislativer Regelungskompetenz, insbesondere im Schulrecht, Berlin: Duncker & Humblot.

38. Wahl, Rainer (2006), Herausforderungen und Antworten: Das Öffentliche Recht der letzten fünf Jahrzehnte, Berlin: Walter de Gruyter.

39. Wißmann, Hinnerk (2008), Generalklauseln: Verwaltungsbefugnisse zwischen Gesetzmäßigkeit und offenen Normen, Tübingen: Mohr Siebeck.

法學啟蒙叢書
——帶領您認識重要法學概念之全貌

在學習法律的過程中，常常因為對基本觀念似懂非懂，且忽略了法學思維的邏輯性，進而影響往後的學習。本叢書跳脫傳統法學教科書的撰寫模式，將各法領域中重要的概念，以一主題即一專書的方式呈現。希望透過淺顯易懂的說明及例題的練習與解析，幫助初學者或一般大眾理解抽象的法學觀念。

最新出版：

本系列叢書陸續出版中……